华戎交汇在敦煌

HUARONGJIAOHUI ZAI DUNHUANG

荣新江 著

读者出版传媒股份有限公司
甘肃教育出版社

丝路古堡(尔冬强　摄)

图书在版编目（CIP）数据

华戎交汇在敦煌 / 荣新江著. -- 兰州 : 甘肃教育出版社，2021.8
ISBN 978-7-5423-5143-2

Ⅰ. ①华… Ⅱ. ①荣… Ⅲ. ①敦煌学－通俗读物 Ⅳ. ①K870.6-49

中国版本图书馆CIP数据核字(2021)第135824号

华戎交汇在敦煌
HUARONG JIAOHUI ZAI DUNHUANG
荣新江 著

策　　划　马永强
项目执行　李慧娟
责任编辑　张玉霞
书籍设计　张小乐　而　谈　石　璞

出　版　甘肃教育出版社
社　址　兰州市读者大道568号　730030
网　址　www.gseph.cn　E-mail　gseph@duzhe.cn
电　话　0931-8436483(编辑部)　0931-8773056(发行部)
传　真　0931-8773056
淘宝官方旗舰店　http://shop111038270.taobao.com

发　行　甘肃教育出版社　印　刷　成都市金雅迪彩色印刷有限公司
开　本　880毫米×1230毫米　1/32　印张　11.25　插页　4　字数　174千
版　次　2021年8月第1版
印　次　2021年8月第1次印刷
印　数　1~3 000
书　号　ISBN 978-7-5423-5143-2　定　价　58.00元

序

本书原本是以《华戎交汇——敦煌民族与中西交通》为名，于2008年9月由甘肃教育出版社出版，列为该社黄强、薛英昭策划，柴剑虹先生和我主编的“走近敦煌丛书”中的一种。据说出版之后，销路颇佳。另外，借助国家外译项目的支持，本书由高田时雄教授策划，西村阳子女士翻译成日语，题为《敦煌の民族と东西交流》，由东京的东方书店于2012年12月出版，没想到也受到日本读者的欢迎，很快就再版重印。最近，甘肃教育出版社打算重印此书，列入“大家说敦煌”书系之中，更名为《华戎交汇在敦煌》，简明扼要，更便于一般读者。

敦煌在中国历史上有几个特殊的地方，它位于西北边陲，自古以来是一个多民族交流杂居的区域，其中既有畜牧的游牧民族，也有定居的农耕民族，交汇此地；它处在丝绸之路的咽喉之地，是中西交往的孔道，东西传播的物质文化和精神文化，大多数都要经过这里；它留存了一个莫高窟和藏经洞，保留了上千年的艺术创作结晶和各种典籍与公私文书，让我们今天能够仔细追寻敦煌的历史和文化。

我这本小书就是主要利用敦煌藏经洞的各种文献和敦煌石窟的雕像、壁画、榜题等，来阐述敦煌历史上的民族迁徙与融合、中外文化的交流与互动，以及这两方面的历史脉动给敦煌带来的丰富多彩的画面，这个画面是其他许多地方所无法媲美的，这正是敦煌的特殊性带给我们今天所能见到的历史场景。而这种历史场景也曾经在与敦煌某些方面相类似的地方存在，由此我们可以从这里来推想其他丝绸之路城市如酒泉、张掖、武威，乃至长安、洛阳的一些情况，不少敦煌的文献和图像原本就来自中原，特别是像长安、洛阳这样的都城之中，敦煌的场景也再现了其他城市的某些文化景观，让读者可以举一反三，从敦煌看到古代中国民族交往和丝路文化交流盛况的某些方面。

希望此书为今日读者了解敦煌，了解曾经生活在敦煌的各个民族，了解穿越敦煌的丝绸之路，提供些许帮助。

荣新江

2021年7月12日

目录

目

录

目录

目录

敦煌纸画商队图

西方现存最早的商队图

引言

今日的敦煌，是一座旅游名城，也是一座历史文化名城。

当你走近敦煌，不仅仅要看鸣沙山、月牙泉、雅丹地貌这些自然景观。也要沿着汉代的长城，去看看耸立两千多年的玉门关；还要走过炽热的戈壁，探访宕泉潺潺流水旁的莫高窟，去观摩那些形象地叙述着敦煌佛教历史、艺术、风俗等的斑驳壁画。

我们还要透过这本小书，带着你们进入藏经洞，去翻检那些从这里被拿到世界各地的敦煌文书，看看里面记载的古代敦煌这块土地上活跃过的月氏人、匈奴人、汉人、突厥人、吐蕃人、回鹘人、于阗人……有骑马射猎的，也有农耕定居的。

我们还会带着你们穿越历史的时空隧道，与东往西去的各国使者、商人、僧侣、士兵诸色人等，一一交谈，了解汉代的张骞怎样西行寻找月氏；粟特商人怎样把香料、药材、金银器皿、珍禽异兽、乐舞胡姬运输到敦煌，再转售到长安；还有“安史之乱”以后，中原的僧人仍然不断地前往西天取经，而印度、中亚的胡僧也络绎不绝地奔赴长安、洛阳，和后来宋朝的都城汴梁。

历史上的敦煌，是多民族活跃的舞台，是东西交通的枢纽，是中西文化交流的必经孔道。

敦煌得天独厚地保存下来如此精美和丰富的石窟、壁画、雕像，又如此神奇地在一百多年前开启了一个藏经洞，里面装满了大约五万写本经卷、文书，以及绢纸绘画，这些图像、文本告诉了我们漫长的东西方文明交流的历史，让我们饱餮了精湛的各种风格的艺术作品，让我们阅读了异彩纷呈的多民族的多元文化。

走近敦煌，不仅仅是走近了地理概念上的敦煌，而是让我们接近了一个展现敦煌多民族生活的画卷，让我们近距离触摸历史上东西方文明的交流互动。

透过敦煌的历史画卷，我们看到的是更为广阔的中外文化景观，看到一个开放的世界，一个不能脱离彼此联系的世界。

月氏——古老敦煌的白种人

从第323窟张骞通西域壁画谈起

来到莫高窟参观的人，不应当错过北段下层的第323窟。这是一个有前后室的中型洞窟，前室和通向后室甬道内的壁画，都是西夏时重绘过的；后室正壁（西壁）方形龛中的坐佛塑像，应当是后代改制的，但塑像后面的壁画和其他三个壁面的图像一样，都是初唐或盛唐早期绘制上去的。东壁门两侧，画的是一组表现僧人宁肯舍身也要严守戒律的图画。南北两壁的下部，各自画一排七尊等身高的菩萨立像；上部绘制的壁画，一般叫作“佛教史迹画”或“感应故事画”。最值得注目的是这些“佛教史迹画”，因为中国历史上许多著名的传说或故事，如“张骞出使西域”“佛图澄洗肠”“石佛浮江”等，都集中表现在这两排像是展开的卷轴一样的画面上，这是敦煌石窟壁画中独一无二的佳作。

这一组“佛教史迹画”共描绘了八个故事，每个故事由几个画面组成。从北壁西头开始，到南壁东尾结束，依内容来讲，从汉代的“张骞出使西域”，到隋代的“昙延法师故事”，整个图像大体上是按照历史事件的先后展开，敦煌的僧人用绘画的手法描述了他们所理解的唐朝以前的佛教历史。

这里的“张骞出使西域”图像，可能是我们在有关丝绸之路、中外关系的书籍中最常见到的形象，其实，这是唐朝僧人所描述的张骞故事，我们不妨先看看他们是怎样说的。

图 1　莫高窟 323 窟“张骞出使西域”图像

“张骞出使西域”的画面由四幅图像组成（图1），用山峦把故事情节分开。右半上方的画面上部，是甘泉宫，里面站立着两个金像，下面画汉武帝执香炉跪拜金像，周边有六个人持笏侍立。旁边的榜题上书写着：“汉武帝将其部众讨匈奴，并获得二金［人］，长丈余，列之于甘泉宫，帝为大神，常行拜谒时。”是说这两个身长过丈的金人是汉武帝讨伐匈奴时所得，供奉在甘泉宫，时常礼拜。画面的整个下部，绘张骞持笏跪在地上，向前面骑在马上的汉武帝辞别，身后有三个随从手持高高的旌节，后面一人正在照看着驮有包裹的几匹马。张骞和汉武帝之间的榜题上写着：“前汉中，帝既获金人，莫知名号，乃使博望侯张骞往西域大夏国，访问名号时。”这是说张骞出使西域的目的，是汉武帝派他到大夏国（Bactria），问所得金人的名号。画面转到左半的中上部，由下到上，先绘三人匆匆而行，其上再绘同样的三人匆匆而行，都是一人合掌在前，两人持节随后，前一组形体大于后一组，表明是同样的三人，只是越走越远而已，使画面极富立体感。最后在画面的左上角，绘一西域风格的城池，城内有房舍和佛塔，城门外站立着两位穿袈裟的僧人，正在迎接使者的到来。观众到此就一定会恍然大悟，为什么甘泉宫里那两个金人和我们在莫高窟中所见到的佛像一个模样，原来这个故事想要说的是：汉武帝打败匈奴后所获得的两个金人，其实就是佛陀，但汉武帝并不知道，所以就派张骞出使西域，去西域的大夏国打听佛的名号。也就是说，在唐朝的佛教徒眼里，中国佛教的历史是从张骞出使西域开始的。

这是一个多么引人入胜的故事，一个多么彻头彻尾的佛教传说。

“张骞出使西域”的真实历史，早在这个故事绘制以前大约八百年的汉武帝时期，伟大的历史学家司马迁就清楚地记载在他的《史记》当中了。到了东汉初年，另一位历史学家班固，利用西汉的文书档案，在他所著的《汉书》中又有一些补充。根据《史记·大宛列传》和《汉书·西域传》的记载，汉朝建立后，一直受到北方游牧强国匈奴的侵扰，到了汉武帝继位后，经过七十多年的休养生息，汉朝富强起来，汉武帝决定反击匈奴。为了打击匈奴在西方的势力，前138年，汉武帝派张骞出使西域，寻找与匈奴有着深仇大恨的大月氏人，希望他们能够“断匈奴右臂”，所以张骞出使的目的地，不是壁画中的大夏，而是大月氏。张骞历尽千难万险，没有请来大月氏的兵，在前126年回到长安，带回来占领河西的匈奴人的虚实消息，于是汉武帝在前121年派将军霍去病率军越过祁连山，进攻河西走廊。控制河西西部的匈奴浑邪王杀掉占领河西东部的匈奴休屠王，率众四万余人投降汉朝，霍去病获得休屠王的祭天金人，并献给汉武帝。事实上，汉武帝甘泉宫里的金人是张骞出使西域后才从被杀的休屠王那里获得的，而壁画上却本末倒置，把张骞的出使西域说成是为了打听汉武帝所得金人的名号，极力想把它和佛教扯在一起。

敦煌第323窟壁画上的“佛教史迹画”固然不是真实的历史，揭开这幅“张骞出使西域”图像的真实场景，我们就能够得知敦煌在中国历史上最初的脉动。

为什么去找月氏人

按照真实的历史记载，张骞既然去的不是大夏，而是大月氏，那么，张骞为什么要去找月氏人呢？

记载张骞出使西域情况的《史记·大宛列传》和《汉书·西域传》，实际上都是以前126年张骞回到长安后所写的出使西域的报告为蓝本的，在这里，我们首次读到“敦煌”这个名字：

《史记》说：“始，月氏居敦煌、祁连间。”

《汉书》的说法大体相同：“大月氏……本居敦煌、祁连间。”

都是说大月氏原本的居住地是敦煌、祁连之间（图2）。这个“敦煌”的地名，所指应当是以后来汉朝所立的敦煌郡为中心的河西走廊西部地区，“祁连”则指走廊南部的祁连山一

图 2　今日的祁连山

带。据张骞的报告，与月氏一起居住在敦煌、祁连之间的，还有另一个强大的部族——乌孙。

“月氏”原本也叫作“禺氏”，古代的发音是一样的。先秦的典籍《逸周书·王会解》记载四方诸国向周王朝供奉的贡物有“禺氏騊”，《管子·轻重篇》也提到“禺氏边山之玉”，虽然这些典籍的最后写定时间可能已经到了汉代，但所反映的情况应当是先秦时期中原人对月氏的认识，加之张骞的记载，保守地说，月氏人从春秋、战国时期就在敦煌、祁连之间游牧了。从汉代及汉代以后有关月氏的记录可以知道，月氏人的分布要比张骞的记录更为广阔，向东可能到达河西走廊东部和陇右地区，向西大概进入塔里木盆地东部和天山东部地区，他们是西北地区最为强大的民族，便习弓马，兼并诸戎（图3a-b）。

图 3a　甘肃出土表现游牧民族艺术的青铜透雕双马咬斗饰牌

图 3b　甘肃出土表现游牧民族艺术的青铜镂空双驼饰牌

大约在相当于中原的秦王朝的时候（前221—前206年），月氏的势力日益强盛，就连蒙古高原强悍民族的匈奴，其首领头曼单于也要把自己的儿子冒顿送到月氏那里去当人质，险些被月氏杀掉。冒顿盗了一匹好马，逃归匈奴，才免得一死，后来杀了头曼，自立为单于。秦汉之际，月氏人打败了同在河西走廊西部地区游牧的乌孙人，迫使乌孙西迁到天山以北地区，乌孙于是依附于新立的匈奴冒顿单于。

匈奴在新的首领冒顿单于的率领下经过一段时间的力量积累，逐渐强大起来。他们先是打败了东边的强邻东胡，又乘秦汉交替之际中原群雄争战的机会，夺得河套以南的鄂尔多斯地区。大约在前174年之前不久，匈奴右贤王进攻月氏，将其主力击溃，迫使月氏人大举西迁，月氏人原本的领地成为匈奴控制的地区，包括敦煌在内的河西走廊西部地区归于匈奴浑邪王统治，东部则由匈奴休屠王驻守。随后，匈奴又向南吞并楼烦王、白羊王和河南王的领地，还进一步向西控制了塔里木盆地的西域绿洲王国，成为继月氏以后从中原北方直到西域广阔地域的新霸主。

从《史记》开始，把被匈奴击溃的月氏部族联盟的主体，叫作“大月氏”；而把留下不能跟从大队人马走的月氏人称作“小月氏”。大月氏放弃河西走廊优良的牧场，向西北迁徙到天山山脉北面的伊犁河和楚河流域，击走当地的塞王，占据了塞种人(Saka) 的居地。但为时不久，大约在前130年，乌孙在匈奴的支持下，向西击败大月氏，占领伊犁河、楚河流域。大月氏人再次被迫向西迁徙，经费尔干纳（Ferghana，在今乌兹别克斯坦）盆地，占据了阿姆河（Amu Darya）两岸原大夏（Bactria）的领土。

再回来看东边的情形。经过秦末的战乱，前206年新建立的汉王朝，经济凋敝，国力不强。前200年，汉高祖曾发兵征匈奴，结果在平城（今大同市东北）的白登山北被匈奴四十万骑兵团团围住，七天七夜不得解脱，最后用陈平计，贿赂单于的阏氏（王后），才得解围。于是汉朝为了避免受匈奴的侵扰，采用和亲的方法，把汉地的公主嫁给单于，汉匈约为兄弟，汉朝每年还要赠送絮缯酒米等物品给匈奴。这种方式的确换取了匈奴较少寇边，但也没有完全杜绝匈奴的侵袭。文帝、景帝利用这一段相对和平的时期，让人民得以休养生息，使社会经济逐渐恢复、增长，国力也得以增强。

到前141年汉武帝即位后，汉朝的府库有了盈余，马匹众多，百姓也家给人足，拥有了强大的实力。于是，汉武帝开始筹划反击匈奴。正在此时，有投降汉朝的匈奴人告诉武帝说，匈奴击破月氏王时，曾用月氏王的头颅制成炊器，月氏虽然逃遁，但怨恨匈奴，只是没有找到盟友一起攻击匈奴。武帝听到这个消息，正中下怀，所以招募敢于经过匈奴领地而通使月氏的人，于是，汉中人张骞应募。前138年，张骞率领一百余人的使团从长安（今西安）出发，向西北行，去伊犁河、楚河流域寻找大月氏。

张骞『凿空』与河西归汉

张骞出使时，面对的是一个陌生的世界，这个世界与汉朝之间，隔着一个匈奴帝国。

果然，张骞取道陇西前往大月氏的路上，大概在经过河西走廊时，被匈奴擒获，送到单于那里。单于并没有杀掉他，而是让他娶妻生子，留作己用，但张骞保持汉的旌节不失。我们在敦煌第323窟壁画上三度看到张骞身后随从手中的两个旌节，正是强调他不失汉节的情形。十多年后，张骞乘匈奴内乱逃跑，他没有返回长安，而是继续向西，去完成自己的使命。结果等他到达伊犁河和楚河流域时，月氏人已经再度西迁，让他扑了一个空。于是，张骞大概取道巴尔喀什湖北岸，穿过吉尔吉斯山脉，到达大宛（今费尔干纳）。大宛人听说汉朝富有，愿意与汉朝联系，所以派向导和翻译，把张骞送到康居（今乌兹别克斯坦塔什干一带），再由康居送到阿姆河北岸的大月氏王庭所在，又南下渡河到大夏故都，可能是会见正在那里的大月氏王。这时的大月氏已经越过阿姆河，彻底征服了大夏，占领了阿姆河南北两岸的肥沃土地，社会安定，人民富庶。他们在此安居乐业，已经没有东向报仇的意思了。张骞没有得到要领，但了解了西域各国的情况，然后沿塔里木盆地南沿的昆仑山麓，经羌族地区返回，路上再次被匈奴拘捕。又过了一年，张骞乘匈奴内乱，带着仆人堂邑父和匈奴妻子，于前126年回到长安。汉武帝非常高兴，拜张骞为大中大夫，封他为博望侯。

这就是中国历史上著名的“张骞通西域”——因为是首次，所以被形象地称作“凿空”。

还在张骞回国的前一年，前127年，汉朝就已经开始大规模进攻匈奴，并在北方取得进展。张骞回到长安，虽然没有搬来大月氏的援军，但却了解了河西匈奴的虚实，以及其水草所在和游牧动向，这使得霍去病在前121年得以顺利打击河西走廊的匈奴兵力，迫使河西西部的匈奴浑邪王杀休屠王降汉。于是，汉朝在河西走廊陆续“列四郡，据两关”——先后建立武威、张掖、酒泉、敦煌四郡，设立玉门关和阳关，牢固控制了这一战略要地和交通要道。前119年，霍去病与卫青率汉军两路出击，彻底把匈奴赶到漠北（蒙古高原），漠南地区再无匈奴的王庭（图4）。

图 4　象征汉朝打败匈奴的“马踏匈奴”石雕像（霍去病墓前）

汉朝虽然已将匈奴赶到漠北，但匈奴的势力仍然控制着天山北麓，威胁着西域诸国，使得他们都不敢亲近汉朝。为了进一步打击匈奴，同是在前119年，汉武帝又任命张骞为中郎将，让他与持节副使多人，率三百人的庞大使团，带着牛羊万计、金币帛值数千巨万，第二次出使西域，主要目的是联合在伊犁河流域居住的乌孙，希望他们能返回故地，即敦煌、祁连之间，彻底斩断匈奴的右臂。张骞抵达乌孙后，乌孙王年老，觉得离汉朝远而距匈奴近，大臣们也都惧怕匈奴，加上国中大臣、太子争权内乱，所以只是表示与汉朝通好，派使臣随张骞入汉朝答谢，而不愿意迁徙东归。张骞的第二次出使西域，又没有得到要领，但张骞的副使们先后到了大宛、康居、大月氏、安息（Arsaces，西亚帕提亚/Parthia）、身毒（印度）等国，这些国家的使者都随汉使来到长安。从此，中国与中亚、西亚、南亚的主要国家或地区建立了直接的联系。

张骞的两次出使西域，对于中国的历史进程，尤其是对于敦煌，意义十分重大。

张骞的出使绝不仅仅是为了联络盟友，而且还有尽可能地了解西方的目的。比如他第一次出使，对所经之地的大宛、康居、月氏、大夏诸国和未经之地的乌孙、奄蔡（Ossetes，今高加索）、犁靬（罗马帝国）、条支（叙利亚）、身毒等国，都有仔细的调查记录。张骞等人带回来的报告，由司马迁和班固分别写入《史记·大宛列传》和《汉书·西域传》，从此结束了我国古代对西方的传闻认识和神话幻想（如《山海经》和《穆天子传》所记录的那样）。张骞的报告是第一篇有关河西走廊、西域（塔里木盆地）、中亚、南亚和西亚地区的真实记录，“敦煌”的名字也正是在他的记录中，首次在中国历史上登场亮相。

张骞在匈奴地区生活了十多年，了解匈奴部落的游牧动向和匈奴地区的水草所在，他的报告成为汉朝用兵时的指南，为汉朝打败河西的匈奴起了一定作用，敦煌也随着河西的匈奴投降汉朝，而归入汉帝国的版图。而且，张骞通西域以后，汉朝与塔里木盆地的西域诸国关系日益密切，使这一地区也逐渐进入汉朝的版图或势力范围。

张骞西行的成功，还打破了匈奴对东西方贸易的垄断，使中国和中亚、西亚、南亚诸国间建立了直接的贸易往来关系。一方面，张骞等人带回了大批西方物产，如苜蓿、石榴、葡萄等等，汉文里开始有了“胡桃”一类的名词；另一方面，张骞第二次出使的使团带着牛羊万计，金币帛值数千巨万，说明他们不仅仅是在做政治联络，而且也有经济上交往的目的。由此开始，中国与西方开始了长期的经济贸易往来，双方各取所需，中国的丝绸开始源源不断地直接运往西方，西方的物产，特别是奢侈品、动植物，乃至思想文化也陆续进入中国。

敦煌的月氏人——古代中国的白种人

张骞西行找到了大月氏，也使得汉朝与西域发生了直接的联系。可是我们知道，汉武帝的本意是要月氏人回到河西的。那么，我们不妨回到这一章的主人公——月氏人先前游牧于敦煌、祁连间的岁月里，来看看月氏人的敦煌原本的情形是怎样的。

月氏和乌孙，是目前我们从历史典籍中所能追溯到的最早的敦煌地区的居民，相对来讲，月氏人的势力远远大于乌孙，后来更将乌孙人挤出敦煌、祁连间这块水草丰盛的游牧天地。月氏人的活动范围，也不仅仅局限在敦煌、祁连间，在中国西北的广阔天地里，都有他们的身影。《穆天子传》卷一记载周穆王西行所至："己亥，至于焉居、禺知之平。"王国维考证说："禺知亦即禺氏，其地在雁门之西北，黄河之东，与献令合。"或许这是活跃在山西北面的月氏人。《太平寰宇记》卷一五三引阚骃《十三州志》说："瓜州之戎，为月氏所逐。"《水经注》卷四十引杜林的话说："瓜州之戎，并于月氏者也。”这里所说的先秦时代的瓜州，还不是后来的敦煌，而大致应当在陕北一带，这里也有强悍的月氏人，把当地的戎人驱逐走或兼并掉了。

也正是因为月氏人在西北地区分布极广，所以在月氏主体部族受到匈奴的打击而举众西迁后，仍有大量的月氏人留存下来，与迁走的“大月氏”相对，这些留下的民众被称作“小月氏”，他们逐渐融入匈奴、羌人、汉人当中，有的部落仍用小月氏或其他的名称而繁衍下来。《史记·大宛列传》记载大月氏西迁后，接着说:“其余小众不能去者，保南山羌，号小月氏。”南山一般指河西走廊南面的祁连山，或者指塔克拉玛干沙漠南面的昆仑山，这些地方是羌人的主要活动区，也就是张骞第一次出使西域回程所经过的“羌中”。《三国志·乌丸鲜卑东夷传》注引《魏略·西戎传》称：“敦煌、西域之南山中，从婼羌西至葱岭数千里，有月氏余种葱茈羌、白马、黄牛羌，各有酋豪，北与诸国接，不知其道里广狭。”可见小月氏的分布之广，从敦煌沿西域之南山，经婼羌（今若羌）直到葱岭（帕米尔高原)，都有他们的种族，但到了三国时，这些小月氏已经“羌化”，成为羌族的一部分了。《魏略》的记载也告诉我们，大月氏迁走后，留在敦煌的一部分小月氏人逐渐变成了羌人。

在敦煌的东面，也有许多月氏的余种，因为敦煌、祁连间的月氏人在受到北方匈奴打击的时候，更容易向东逃避。《后汉书·西羌传》记载:“及骠骑将军霍去病破匈奴，取西河（今内蒙古东胜县境）地，开湟中（今青海湟水两岸），于是月氏来降，与汉人错居。”这是在河西走廊东面的小月氏，逐渐与汉朝移民百姓交错杂居，以后逐渐“汉化”了。

还有不少独立的月氏集团，保持着相当大的实力。《水经注》卷二引阚骃《十三州志》说:“西平、张掖之间,大月氏之别小月氏之国。”西平即今天的青海西宁，张掖则在河西走廊中部，两者之间有大斗拔谷相连。既然称“国”，可知小月氏在这一带的势力不小。《三国志·蜀书·后主传》裴松之注引《诸葛亮集》记载建兴五年（227年）刘禅的诏书中说，诸葛亮准备北伐,“凉州诸国王各遣月支、康居胡侯支富、康植等二十余人诣受节度，大军北出，便欲率将兵马，奋戈先驱”。“月支”就是月氏，月支的首领支富在凉州地区（应指大凉州的概念，即整个河西）保有相当的兵力，可以协助蜀汉来进攻曹魏。

虽然作为游牧民族，月氏的先史没有什么记载留存下来，但我们如果把有关月氏迁徙前后的相关史料汇集到一起，还是可以看得出来，当年的月氏是何等的强盛。

这样一个强盛的月氏，难道在今天的考古发现中找不到任何遗存的痕迹？

我们知道，把目前发现的考古文化和一个古代民族等同起来是危险的事情，我们只能把一些蛛丝马迹摆出来，让大家看看这些出土文物和文献记载的月氏人是否有某种联系。

《史记·大宛列传》大月氏条《正义》引万震《南州志》说，月氏“人民赤白色，便习弓马”。由此可见，月氏人和中国古代西北地区的大多数民众一样，是白种人（Caucausus），他们以骑马射猎为主，是一个游牧民族。现在我们一提到白种人，就和欧洲人联系起来，其实不论是欧洲人，还是印度人、伊朗人，都是操印欧语（Indo-European）的白种人，中国古代西北地区的许多人，比如月氏人、吐火罗人、楼兰人、于阗人等，都是说的某一支印欧语，从大的系统来讲，他们的种族特征有相似之处，而与中原地区的汉人以及漠北的操阿尔泰语的民族，在人种上是不一样的。

从目前所见的考古资料中，最富有异族情调的文物，是甘肃灵台县白草坡西周墓出土的一件铜戟。在戟的顶端，制成一个人头像，深目长颔，拖发卷须，鼻子挺直，嘴向上翘（图5）。这或许是中原的华夏族把西北异族的形象刻于戟首，

图 5　甘肃灵台出土青铜戟上的“月氏人”

在与异族作战时使用它来瓦解军心的。这个形象，或许就是中原农耕居民眼中的西北游牧的月氏人吧？

月氏人讲什么语呢？这是随之而来的另一个问题。因为现在留存下来的可以确定为月氏语的材料很少，所以从这个角度来追寻月氏语的痕迹是很困难的。在现存的材料中，最有可能的月氏语遗迹，恐怕就是“敦煌”这个地名了。这个地名是张骞最早记录下来的，它应当是张骞在经过河西走廊西行时从俘虏他的匈奴人那里听到的，而河西的匈奴人是月氏人的后继者，他们又是从月氏人那里听到这个地名的，追本溯源，“敦煌”可能就是我们今天所能见到的极少而极为珍贵的月氏语遗存了。

像“敦煌”这样的可能是月氏语的词儿还有几个，一些学者把这些词汇和古代西域北道的一些同样发音的词汇加以对比，并把两者勘同，因为直到8世纪的时候，高昌（吐鲁番）、焉耆、龟兹（库车）这些地区还讲一种所谓的“吐火罗语”（Tocharian），这是一种属于西支的印欧语，和希腊、拉丁语的基本词汇相当一致，表明操这种语言的吐火罗人应当是很早以前就活跃在中国西北地区的古老印欧人，于是，学者们就通过两地一些词汇的相同或相似而把月氏语和吐火罗语等同起来，也就把月氏人和吐火罗人等同起来。不过这种看法只是一种假说，还有待继续加以论证。同时，也有另外一些学者，认为月氏应当操古代伊朗语（Iranian），是中国西北地区的一支塞种人，在西方文献里，塞种人就是斯基泰人（Scythian），他们创作了非常富有草原游牧民族特征的“斯基泰艺术”（图6），这种艺术品在古代月氏人活动的范围里曾经大量发现。

图6　甘肃出土“斯基泰艺术”品——虎噬羊纹金饰片

『禺氏边山之玉』

月氏位于中原内地和西方联系的孔道——河西走廊上，那么，月氏人必然担负起一个责任，就是东西方贸易的转运工作，而这个重任，也带给他们无穷无尽的利润，使月氏的经济实力得以增强，武力得以巩固。

前面提到《管子·轻重篇》曾记先秦时期中原人所见到的西方舶来品有“禺氏边山之玉”，《管子·揆度篇》也提到“禺氏之玉”，说明这些中原人喜欢的玉石是经由月氏人的手转运而来的，而这里所说的玉，应当就是来自塔里木盆地西南沿的于阗所产的美玉。

中原地区的人民从很早的新石器时代晚期就开始用玉来制作祭祀的器皿，以后玉制品成为商、周以来贵族礼乐的重要组成部分，玉也成为各种装饰配件的原材料，比如贵族衣服上的装饰品，王公贵族埋葬时的覆面等等。在中原人所知的玉石当中，《史记·李斯列传》所记秦始皇喜欢的“昆山之玉”是质地最好的软玉，而所谓“昆山之玉”，就是从昆仑山顺于阗河流到于阗地区的玉石（图7），这在张骞出使西域回来后写的报告中有明确的记载：“汉使穷河源，河源出于阗，其山多玉石，采来，天子案古图书，名河所出山曰昆仑云。”就是说，经过张骞等汉朝使者的亲自考察，黄河的源头在于阗的山中，从中采集到的玉石经过汉武帝的考察，就是“昆山之玉”。

图7　昆山之玉——阿房宫出土高足玉杯

于阗玉从很早的时期就开始被转运到中原内地。1976年，考古工作者在殷墟发现商王武丁的妃子妇好的墓，年代在前13世纪，从中发掘出750多件玉制品，雕琢精美，种类繁多，其中相当一部分的原料是从于阗来的上等籽玉，也就是所谓“昆山之玉”了。1989年，考古工作者发掘的江西新干大洋洲商代墓葬中，也出土了一批用于阗玉制作的器皿。我们虽然不知道这些早在商代就进入中原腹地的于阗玉是哪个民族转运而来的，但它们不应当是于阗和中原王朝直接交通的结果，而是通过了中间人。这个在中原与于阗之间长期的中间贸易的承担者，最合适的就是在中原和于阗之间的游牧民族，他们可能是“前月氏人”、月氏人、曾与月氏同时在河西走廊的乌孙人，或者是继月氏人占领河西的匈奴人。这中间，恐怕月氏人的作用最大，转运的时间最长，因此中原地区，哪怕是山东半岛的齐国，都有“禺氏边山之玉”“禺氏之玉”的说法。

从西方转运到中原的物品绝不止玉石一种，但玉石可以说是最有代表性的品种，如果说从中国通向西方的道路叫作“丝绸之路”的话，那么从西方通向中国的最早的贸易通道，就应当叫作“玉石之路”。敦煌在它最初的历史上，除了是月氏、乌孙、匈奴等游牧民族的草场之外，还是于阗玉向中原转运的玉石之路上重要的贸易地点。汉朝打败匈奴后，在敦煌西北首次设立的关城，就叫“玉门关”（图8），这个名称告诉我们，敦煌正是于阗的玉石源源不断地进入中原的门户所在。

汉代的玉门关，就是今天称为“小方盘城”的那座古老的关城，大概今天的旅游者有不少人都会去参观。站在这个现在仍然在平地上耸立的关城上，我们不必只是为“春风不度玉门关”而惆怅，回想两千年前，月氏人曾经经过这里，把晶莹剔透的于阗美玉运往中原，丰富了中原的礼乐文化，也带给中原人一些昆仑山的美妙传说。

图 8　汉代玉门关——敦煌市西北小方盘城

物产和文化的交流从来都不是单向的，既然是交流，就有来有往，交流总是双向的。月氏人在驮载着于阗的玉石到中原的同时，也应当把中原生产而为西方民众喜欢的物品运载出去。位于南西伯利亚阿尔泰山北麓的巴泽雷克（Pazyryk），苏联考古学家发掘过一些年代在前5—前2世纪的大墓，其中除了表现草原游牧民族（斯基泰）艺术的黄金制品外，还出土有来自中国中原地区的丝绸、刺绣、漆器、“四山纹”铜镜，漆器和铜镜都和中原出土的同类物品大体一致，表明它们是从中原传过去的。

巴泽雷克墓葬的主人有月氏、塞种、斯基泰等多种说法，目前尚无定论。从时间上来讲，从中原到阿尔泰山，最便捷的传播途径仍然是经过河西走廊的月氏人的领地，无论如何，月氏人在以丝绸为主的中国物产的西传当中，一定做出过自己的贡献。

玉门关与悬泉置——汉代的关城和客栈

列四郡 据两关

《汉书·西域传》开篇的一段中有“列四郡，据两关”，说的就是汉朝从匈奴手中夺取河西走廊的成果之一。在敦煌的西面设立两关；而就在夺取了河西走廊的元狩二年（前121年），汉朝设置了武威、酒泉二郡，敦煌一带归酒泉郡管辖。十年后的元鼎六年（前111年），又分武威、酒泉两郡之地，设张掖、敦煌二郡。敦煌郡是从酒泉郡中划出来的，是随着汉朝军事力量的向西开拓和灌溉农业区的扩展而设置的。开始时敦煌只是一个很小的郡，但因为地理位置十分重要，很快就发展起来了。

西汉时的敦煌郡，下辖敦煌、冥安、效谷、渊泉、广至、龙勒6个县，包括今天敦煌、安西两县和肃北蒙古族自治县的一部分。据《汉书·地理志》，汉平帝元始年间（1—5年），敦煌有11200户，人口38335，每户不到4人。虽然从人口密度来看，每平方公里只有0.3人，但这些人口集中在6个县中，比以前要多得多了。人口的增长推动了耕地面积的扩大，粮食产量的提高，敦煌六县之一的“效谷”，就是由于任鱼泽尉的崔不意“教力田，以勤效得谷”而得名的，反映了敦煌农业生产的发展。这是敦煌发展的基础，也是西汉进取西域的必要条件。为了巩固这一基地，汉朝一面迁徙内地贫民、囚犯来此定居，一面征发大批士兵到此戍守。中原汉族民众的迁入，改变了河西的民族布局，推动了生产进步。因此可以说，自从建郡以后，敦煌确立了自己在中国历史上的地位和作用。

就在河西四郡建立的同时，汉朝又把秦始皇建造的长城向西延伸，先是修建从令居（金城郡，今兰州）到酒泉一段，然后又从酒泉修筑到敦煌以西的玉门关，最后到天汉元年（前100年），继续从玉门关向西修建长城和亭障（图9），直到盐水（或叫盐泽，今罗布泊）。汉代的长城是用一层苇子一层泥土夯筑起来的，虽然经过两千多年的风风雨雨和人为破坏，今天的敦煌西北还可以看到许多段的城墙有一人多高。现在一般人脑海里的长城大多数是北京的八达岭明长城，其实和秦汉长城相比，明代的长城要大大地向南退缩；而在西边，明朝建立了嘉峪关，关城以外的长城则被废弃，与汉朝相比，更显出明朝的闭关、退缩心理。敦煌西北的汉长城，才可以真正说是“伟大的长城”。

玉门关和阳关都在敦煌郡城的西面，一在西北，一在西

图 9　敦煌市西北的汉代长城

南。玉门关就是今天的小方盘城，距今敦煌市区约71公里，它北面是东西向的长城主城墙，墙外是疏勒河，主城墙向南，有城墙通到玉门关城，然后继续向南，一直延续到阳关所在，可惜的是现在阳关的关城早已不存在了，今天游客们拍照的所谓“阳关遗址”，只不过是一座汉代的烽燧而已，阳关应当在更西边的地方。玉门关和阳关，扼守住从西域进入河西、中原的两条主干道，是汉朝的西大门。

秦始皇费尽民力建造长城，目的是防止匈奴等北方游牧民族的南下侵扰，这固然起到了一定的作用。长城和长城沿线上的烽燧、亭障，无疑是一项伟大的防御工程，有着相当完备的攻防体系，在抵御北方游牧民族对农耕居民的劫掠方面，起到了相当大的作用。但这也不是绝对的，历史上一些北方和东北民族最终越过长城，在中原立国，就是最好的证明。

与秦长城凸显的“南北对抗”意义相比，河西的汉长城更加具有“东西交通”的意味。在河西走廊的许多地方，长城是和古老的交通路线并行的，长城在北，道路在南，长城俨然是一道丝绸之路的屏障，有些地段的道路和城墙距离很近，往来的商旅、使者在戈壁的烈日下行走一段时间，就可以在长城某处找寻到一个遮阳的地方稍事休息。1983年夏，我们曾经从敦煌城出发，沿着长城内侧的古道，去小方盘城以及更远的马圈湾，一路上深深的车辙痕迹，给我留下很深的印象，多少可以体会到长城和丝绸之路的关系。

今天仍然屹立在敦煌西北的玉门关，是一个大体上四四方方的城，各边的长度大概在25米，现存的高度约为10米。根据1907年斯坦因和1944年夏鼐、阎文儒在此发掘到的汉简，可知西汉这里是玉门都尉府的治所，东汉为玉门侯官的治所，关城周边的烽燧，都听玉门都尉或玉门侯官的指挥，从西汉到东汉，玉门关一直耸立于此，迎接着西方的来客，送走汉朝前往西域的使臣。

敦煌藏经洞发现的唐朝时期敦煌地方官府编制的《沙州图经》卷五寿昌县部分（P.5034），有“二古关”条，其中对阳关的记载如下：“阳关，东西廿步，南北廿七步。右在县西十里，今见破坏，基址见存。西通古于阗等南路，以在玉门关南，号曰阳关。”可见，阳关是以玉门关为坐标的，名称就得自在玉门之南。这里扼守从于阗（今和田）来的丝路南道。从文中还可以知道，唐朝时阳关已经只有基址了。《沙州图经》卷五随后关于玉门关的记载只残存一行文字：“玉门关，周回一百卅步，高三丈。”这里缺少了玉门关距寿昌县城的里数，但敦煌另一件地理文书《沙州志》残卷（S.788）寿昌县部分，补充了相关的内容，即“玉门关，县［西］北一百六十里”。

《图经》说玉门、阳关都是“古关”，说明其时已经不用了。唐朝时的玉门关已经搬家，从敦煌西面搬到敦煌东面瓜州晋昌县东20步的位置，就是唐朝初年玄奘西天取经时偷渡国境的地方，所以玄奘出国时是没有到敦煌的。但对于大多数商人来说，汉玉门故关仍然是时常途经的重要地标，敦煌写本《沙州图经》卷三（P.2005）有“一所兴胡泊”条，说兴胡泊“东西十九里，南北九里，深五尺。右在州西北一百一十里。其水咸苦，唯泉堪食。商胡从玉门关道往还居止，因以为号”。这里的“兴胡”就是“兴生胡”，专指前来中国兴贸贩易的商胡，在唐朝时多指中亚索格底亚那（Sogdiana）

地区来的粟特商人，他们在取道兴胡泊的时候，一定是要经过汉玉门关的。这里虽然没有商胡渴望的泉水，但有着四面围墙的关城，多少可以让他们遮一遮戈壁上暴晒的阳光，或许偶尔能够躲避突如其来的沙尘暴。

丝绸之路

玉门关和阳关是古代丝绸之路的重要关隘，进入两关，就进入了中原王朝的西大门，外来的使者、商人在敦煌会受到客人般的招待，回来的使臣就像回到家里一样。敦煌对于丝绸之路上的不同人来说，有时是起点，有时又是终点。

那么什么是“丝绸之路”呢？敦煌在丝绸之路上的地位到底有多么重要呢？早年，人们对这条东西往来的通路没有给予一个统一的固定名称。1877年，德国地理学家李希霍芬（F.von Richthofen）在他所写的《中国》一书中，首次把汉代中国和中亚南部、西部以及印度之间的以丝绸贸易为主的交通路线，称作“丝绸之路”(德文作Seidenstrassen，英文作the Silk Road)。其后，德国历史学家赫尔曼（A.Herrmann）在1910年出版的《中国和叙利亚之间的古代丝绸之路》一书中，根据新发现的文物考古资料，进一步把丝绸之路延伸到地中海西岸和小亚细亚，确定了丝绸之路的基本内涵，即它是中国古代经由中亚通往南亚、西亚以及欧洲、北非的陆上贸易交往的通道，因为大量的中国丝和丝织品经由此路西传，故此称作“丝绸之路”，简称“丝路”。

张骞和他的副使开通并确定了东西交往的丝绸之路的基本走向（图10）：它东起西汉的首都长安（今西安），经陇西或固原西行至金城（今兰州），然后通过河西走廊的武威、张掖、酒泉、敦煌四郡，出玉门关或阳关，穿过白龙堆到罗布泊地区的楼兰。汉代丝路分南道、北道，南北两道的分岔点就在楼兰。北道西行，经渠犁（今库尔勒）、龟兹（今库车）、姑墨（今阿克苏）至疏勒（今喀什）。南道自鄯善（今若羌），经且末、精绝（今民丰尼雅遗址）、于阗（今和田）、皮山、莎车至疏勒。从疏勒西行，越葱岭（今帕米尔）至大宛（今费尔干纳）。由此西行可至大夏（在今阿富汗）、粟特（在今乌兹别克斯坦）、安息（今伊朗），最远到达大秦（罗马帝国东部）的犁靬（又作黎轩，在埃及的亚历山大城）。另外一条道路是，从皮山西南行，越悬渡（今巴基斯坦达丽尔），经罽宾（今阿富汗喀布尔）、乌弋山离（今锡斯坦），西南行至条支（在今波斯湾头）。如果从罽宾向南行，至印度河口（今巴基斯坦的卡拉奇），转海路，也可以到达波斯和罗马等地。这是丝绸之路的基本干道，换句话说，狭义的丝绸之路指的就是上述这条道路。

历史上的丝绸之路也不是一成不变的，随着地理环境的

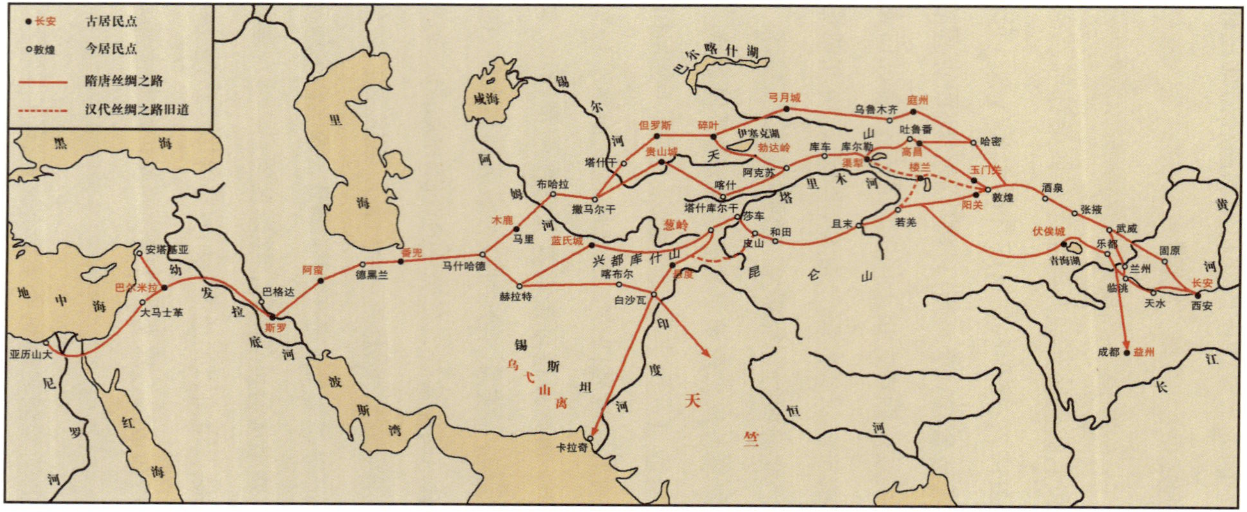
长安 古居民点
敦煌 今居民点
隋唐丝绸之路
汉代丝绸之路旧道
黑海
地中海
里海
咸海
巴尔喀什湖
锡尔河
阿姆河
幼发拉底河
尼罗河
红海
波斯湾
印度河
恒河
塔里木河
黄河
长江
天山
昆仑山
兴都库什山
乌弋山离
锡斯坦
天竺
亚历山大
安塔基亚
巴尔米拉
大马士革
巴格达
斯罗
阿蛮
德黑兰
番兜
马什哈德
赫拉特
木鹿
马里
布哈拉
撒马尔干
塔什干
贵山城
但罗斯
碎叶
弓月城
伊塞克湖
勃达岭
阿克苏
喀什
塔什库尔干
葱岭
蓝氏城
喀布尔
白沙瓦
罽宾
卡拉奇
莎车
皮山
和田
且末
若羌
楼兰
渠犁
库车
库尔勒
乌鲁木齐
庭州
吐鲁番
高昌
哈密
玉门关
阳关
敦煌
酒泉
张掖
武威
伏俟城
青海湖
乐都
兰州
临洮
固原
天水
长安
西安
成都
益州

图 10　汉代的丝绸之路

变化和政治、宗教形势的演变，不断有一些新的道路被开通，也有一些道路的走向有所变化，甚至废弃。比如敦煌、罗布泊之间的白龙堆，是一片经常使行旅迷失方向的雅丹地形。2005年笔者随冯其庸先生从楼兰到敦煌考察途中在此宿营，其间到雅丹之外考察古道，结果竟然无法找回宿营地，而是靠卫星定位仪才得归队。中原王朝在东汉初年打败蒙古高原的北匈奴，迫使其西迁，并牢固地占领了伊吾（今哈密）以后，开通了由敦煌北上伊吾的“北新道”。从伊吾经高昌（今吐鲁番）、焉耆到龟兹，可以和原来的丝路北道会合。南北朝时期，中国南北方处于对立的状态，而北方的东部与西部也时分时合，在这样的形势下，南朝与西域的交往，大都是沿长江向上到益州（今成都），再北上龙涸（今松潘），经青海湖畔的吐谷浑都城，西经柴达木盆地到敦煌，与丝路干道合；或更向西越过阿尔金山口，进入西域鄯善地区，与丝路南道合，这条道路被称作“吐谷浑道”或“河南道”，今天人们也叫它“青海道”。还有一条路从中原北方或河西走廊向北到蒙古高原，再西行天山北麓，越伊犁河至碎叶（今托克马克南），进入中亚地区。这条道路后来也被称作“北新道”，它在蒙古汗国和元朝时期最为兴盛。

由此我们可以看出，敦煌在丝绸之路上是处在多么重要的地理位置上的。

悬泉置与汉代驿道

汉朝在它力所能及的范围内，在从长安到西域的道路沿线，建造长城，设立防御性质的亭障和接待、供给来往使者的驿站（汉代称作“置”），以保障道路的畅通。

感谢汉朝守边士兵的恩赐和考古工作者的辛勤工作，使我们对汉代长安到敦煌的具体道路有清楚的了解。1974年，甘肃居延考古队曾在内蒙古自治区额济纳旗破城子遗址，发掘到一枚王莽时期的《传置道里簿》木牍，上面记录了长安到张掖郡氐池的20个置之间的里程；巧合的是，1990年，甘肃省文物考古研究所又在汉代敦煌悬泉置遗址，发掘到一枚《传置道里簿》木牍（图11），记武威郡仓松到敦煌郡渊泉间12个置之间的里程；两相结合，正可以复原西汉时期从长安到敦煌的驿道和驿站设置情况。这两件木牍是有关汉代丝绸之路的珍贵历史文物。这里举悬泉置发现的木牍文字为例：

仓松去鸾鸟六十五里

图 11　悬泉置出土记载武威到敦煌路程的汉简

鸾鸟去小张掖六十里

小张掖去姑臧六十七里

姑臧去显美七十五里

氐池去觻德五十四里

觻德去昭武六十二里　府下

昭武去祁连置六十一里

祁连置去表是七十里

玉门去沙头九十九里

沙头去乾齐八十五里

乾齐去渊泉五十八里

根据甘肃文物考古所吴礽骧、何双全等先生的研究，这里所记是越过今乌鞘岭进入河西走廊后的主要驿道：由苍松县(今古浪县龙沟乡)、鸾鸟县（今古浪县小桥堡东南)，转西北，经小张掖（今武威市黄羊镇西)，到姑臧县（今武威市)。然后西行经显美县（今武威市丰乐乡一带)、番和县(今永昌县焦家庄一带)、日勒县（今山丹县李桥乡附近)，沿弱水(今山丹河）南岸，到氐池县（今张掖市)。再渡张掖河，转西北，经觻德（张掖市西北西城驿沙窝北古城），至昭武县(曾一度为张掖郡治，今临泽县鸭暖乡昭武村一带)，过祁连置（今临泽县蓼泉乡双泉堡一带)，到表是县（今高台县宣化乡定平村一带)。西北行，经酒泉郡治禄福县（今酒泉市)，到玉门县(今玉门市赤金乡一带)，渡石油河，经沙头县（今玉门市玉门镇古城子一带)、乾齐县（今玉门市黄闸湾乡八家庄一带)，渡籍端水，到渊泉县（今安西县三道沟镇四道沟堡子)，渊泉是敦煌郡下属的置，到了渊泉，就等于进入了敦煌。

这方木牍上没有记录渊泉以西的驿站和道路，幸运的是，1990年10月至1992年12月，甘肃文物考古研究所对敦煌市东61公里甜水井附近的汉代悬泉置遗址进行了全面的清理发掘，获得了包括上述木牍在内的大量简牍，其中有文字的简牍共计两万三千余枚（图12)。经过考古工作者的初步整理和研究，使我们进一步认识了汉代的驿道在敦煌境内的走行方向：从渊泉向西北，沿籍端水西行再偏南，到广至县治（今安西县截山子南八棱墩，考古编号A93)，然后西行微偏南到鱼离置（今安西县苇草沟西南芦草沟墩，A87)，出三危山，折西到效谷县的悬泉置。再西行，经遮要置（今敦煌市东空心墩，D108)、效谷县(今敦煌市郭家堡乡一带)，渡氏置水（今党河)，到敦煌郡治敦煌县（今党河西岸七里镇白马塔村)。

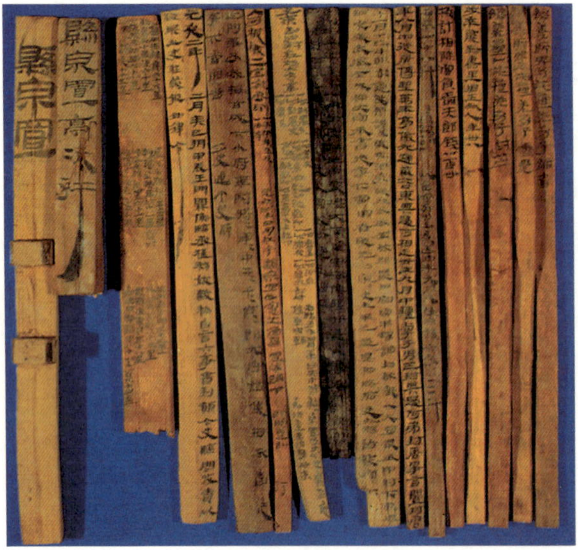

图 12　悬泉出土汉简

从敦煌而西，道路分成两条。一条路向西北，在长城内侧（南侧）迤逦西行，中间重要的烽燧有仓亭隧（D32，斯坦因编号T18），其北面二百米就是现在叫作大方盘城的遗址，是汉代敦煌西北长城线上的粮仓，似名为“昌安仓”，唐朝名为“河仓城”，在《沙州图经》等敦煌写本地志中都有记载。再往西，就是玉门关（小方盘城）。另一条路从敦煌向西南行，经龙勒县（今南湖乡一带），到阳关。这两条路在凌胡隧（大煎都侯官治所，D3、T6b）会合，再西行，经广昌隧（D1、T6d）南，西北行，进入西域范围，越三陇沙，经居卢訾仓，傍盐泽（罗布泊）北岸，到楼兰王都城（LA）。

由此可见，汉代的驿道，有时傍长城而行，有时偏离长城较远，沿城镇之间的最近道路行进，当然在戈壁地段，要考虑充分的水源。悬泉置所在的地方，为戈壁沙丘地形，气候和河西走廊其他地方一样，也是风多雨少，夏热冬寒。之所以在这里建立驿站，是因为它南面不远的山沟（今名吊吊沟）内，就有一处泉水，即所谓“悬泉”。敦煌写本《沙州图经》卷三有“悬泉水”条（图13）：“右在州东一百卅里，出于石崖腹中，其泉旁出，细流一里许即绝。人马多至，水即多；人马少至，水出即少。《西凉异物志》云：汉贰师将军李广利西伐大宛，回至此山，兵士众渴乏。广乃以掌拓山，仰天悲誓，以佩剑刺山，飞泉涌出，以济三军。人多皆足，人少不盈。侧出悬崖，故曰悬泉。”可见，人们从很早的时候开始，就把悬泉和西汉武帝时伐大宛的李广利将军联系在一起。事实上，悬泉所接济的人，主要不是西征东归的将士，而是东往西来的外交使节。

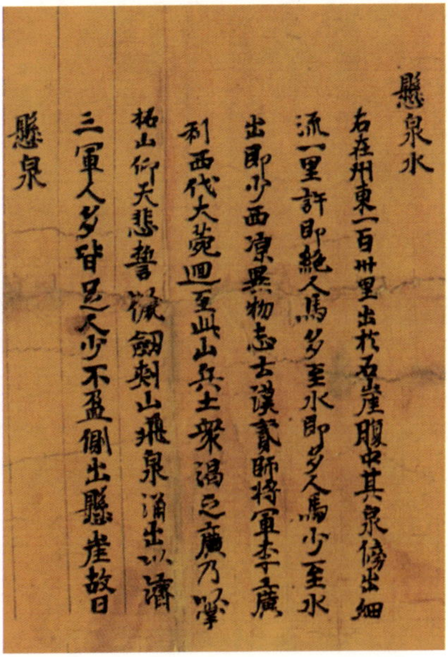
懸泉水
右在州東一百卌里出於石崖腹中其泉傍出細
流一里許即絶人馬多至水即多人馬少至水
出即少西涼異物志云漢貳師將軍李廣
利西伐大宛迴至此山兵士衆渴乏廣乃以掌
拓山仰天悲誓以佩劍刺山飛泉涌出以濟
三軍人多皆足人少不盈側出懸崖故曰
懸泉

图 13 《沙州图经》所记李广利故事

悬泉置是考古发现中难得的一所驿站遗址（图14），它占地面积总计22500平方米，主体建筑是带有对称角楼的坞堡院落，院内四周是各种不同规格的房舍，供不同等级身份的客使分别住宿和用餐，院外建有大型马厩，来安置客使的马匹，也是驿站本身所养驿马圈养的地方。可以说，这里是一个规模相当可观而且功能齐全的汉代驿站。

根据悬泉置发掘所得的汉简，这个遗址主要是两汉时期使用的，所出纪年简牍最早者为汉武帝元鼎六年（前111年），最晚者为东汉安帝永初元年（107年），大体可以分作早期

图 14　敦煌悬泉置遗址

(西汉武帝至昭帝)、中期(宣帝至东汉初)、晚期(东汉中晚期)三段,魏晋时改作烽燧,以后废弃。遗址一间房子的内墙上,还抄写着西汉平帝元始五年(5年)五月从长安颁发的《使者和中所督察诏书四时月令五十条》,出土简牍和帛书有驿站管理文件,中央和地方官府下达的诏书、命令,私人信函,使者的过所(通行证)和乘传公文,还有大量招待往来客使,包括外国使者食物的账簿。

悬泉不仅是兵站,更是客栈。悬泉置出土汉简现在还没有全部公布,我们根据甘肃考古研究所张德芳先生等陆续公布的资料,来看看其中一些接待外国使臣的记录:

“神爵二年(前61年)四月戊戌,大司马车骑将军臣□承制诏请□:大月氏、乌孙长□凡□□□富侯臣或与斥候利邦国、侯君、侯国、假长□□□中乐安世归义□□□□□□□□□□。为驾二封轺传,十人共载。御史大夫□下扶风厩,承书以次为驾,当舍传舍如律令。十月□。”——这是汉朝中央政府的御史大夫按照皇帝诏书的旨意对大月氏和乌孙的使臣、王侯乘轺车返回的安排。

“甘露二年(前52年)正月庚戌,敦煌大守千秋、库令贺兼行丞事,敢告酒泉大守:……罢、军候丞赵千秋上书,送康

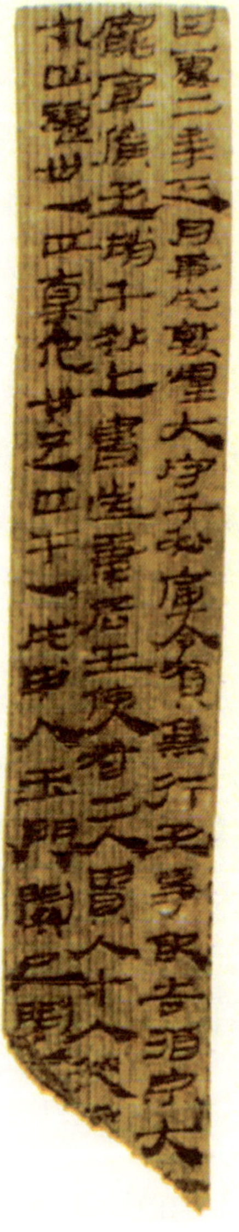

图 15　悬泉置出土有关康居的汉简

居王使者二人、贵人十人、从者……九匹、驴卅一匹、橐他廿五匹、牛一。戊申，入玉门关已。阁下……”(图15)——这是敦煌郡太守等向酒泉郡太守报告康居王使者和贵人入玉门关的情况。

“出粟一斗八升……以食守属周生广送自来大月氏使者积六食食三升。”——这是关于供给大月氏使者食物的记录。

“出钱百六十，沽酒一石六斗，以食守属董竝、叶贺所送莎车使者一人、罽宾使者二人、祭越使者一人，凡四人，人四食，食一斗。”——这是供应莎车（今莎车）、罽宾（今克什米尔）、祭越(今地不明）使者酒食的记录。

“各有数，今使者王君将于阗王以下千七十四人，五月丙戌发禄福，度用庚寅到渊泉。”——这是有关于阗王庞大使团行程的记录。

“……送精绝王诸国客凡四百七十人。”——这是送精绝王及各国使客的记录，这是一个不小的使团。精绝即今尼雅遗址，其中也出土过有关精绝遣使汉朝的木简。

“客大月氏、大宛、疏勒、于阗、莎车、渠勒、精绝、扜弥王使者十八人，贵人□人……”——这一组客使是由大月氏、大宛、疏勒和西域南道的若干王国一起组成的使团，说明来长安的西域使者常常结伴而行，一起住在悬泉置中。

“出粟四斗八升，以食守属唐霸所送乌孙大昆弥、大月氏所……”——这是供给乌孙大昆弥和大月氏使者食物的记录。

“遮要第一传车，为乌弋山离使者。”——这大概是为乌弋山离使者安排去西边遮要置的传车的记录。

“……其一只，以食折垣王一人、师使者……只，以食钩盾使者，迎师子……□，以师使者弋君。”——“折垣”在史籍中没有见过，或许是一个不见经传的小国。“师子”即狮子，“钩盾”是汉朝少府下的官员，主管皇帝“近池、苑囿、游观之处”。这里所记，除了供食折垣王外，还有去西域迎取狮子的钩盾使者，这和《汉书·西域传》《后汉书·西域传》记载西域一些国家向汉朝贡献狮子的记载相吻合。

悬泉置出土汉简的记录中，既有葱岭以西的大月氏、康居、大宛的使者，也有天山南北乌孙、疏勒、姑墨、温宿（今乌什）、龟兹、仑头（今轮台）、乌垒（今策大雅）、渠犁（库尔勒）、危须、焉耆、狐胡、山国、车师（今吐鲁番）、蒲犁、皮山、于阗、莎车、渠勒、精绝、扜弥、且末、楼兰（鄯善）的使者，甚至有于阗王本人和他一千多人的庞大使团。汉朝要安排这些使者的行程、接送、乘骑、食宿等，就悬泉置所提供给这些使者的食物来看，也是有相当数量的。我们过去读《史记·大宛列传》《汉书·西域传》《后汉书·西域传》等，比较多的内容是汉朝在西域地区的政治经营和武力攻占。从悬泉置的汉简中有关西域各国的材料来看，汉朝与西域各国的物质文化交往，是两汉时期中西交通的主体内容。

天马与升仙

到了唐朝时期，悬泉置已经为沙土掩埋，但贰师将军李广利的故事却流传下来。“佩剑刺山，飞泉涌出”固然难以证实，可是李广利确实是敦煌历史上与丝绸之路有关的重要人物。这还要从汉武帝的“天马”梦说起。

据《史记·大宛列传》等书，汉武帝曾披览《易经》，占卜的结果说有“神马当从西北来”，于是汉武帝派遣使者前往西域求取好马。先是得到乌孙的好马，命名为“天马”。以后又得到大宛的汗血马，比乌孙马更加强壮，于是更名乌孙马为“西极”，大宛马为“天马”。因为天子喜好大宛马，所以汉朝的使者相望于道。但使者中有些无赖之徒，往往利用汉朝的声威，贱买外国的奇货，一些西域王国很厌烦这些使者，常常不给他们提供食物。

一次，从西域回来的汉使向武帝报告说：“大宛有善马在贰师城，匿不肯与汉使。”喜好大宛马的汉武帝听说后，非常羡慕，于是让壮士车令等人持千金及金马往大宛（图16），向大宛王交换贰师城的善马。大宛以为汉朝离自己很远，发兵不易；而贰师马是大宛的宝马，所以不肯给汉使。汉使怒骂，把携带来的金马击碎而去。大宛的贵人觉得汉使轻视自己，命令东边城镇郁成的守将遮杀汉使，夺其财物。消息传到长安，汉武帝大怒，以李广利为贰师将军，率骑兵六千及恶少年数万人，征讨大宛，此时为太初元年（前104年）秋。

贰师将军李广利在路上得不到给养，到达郁成时，只有数千饥饿的士卒，被郁成守军击败。太初二年秋冬之际，李广利率领不到去时的十分之一的残兵败将，回到敦煌境内。

图 16　汉代的鎏金铜马

武帝大怒，遣使者把李广利拦在玉门关外，说“军有敢入者辄斩之”！太初三年秋，武帝派李广利再次出征，从敦煌发兵六万人，牛十万头，马三万余匹，驴、骡、橐驼数以万计，奔赴前线。汉军顺利进至大宛都城，断其水源。围城四十余日，大宛贵人商议，共杀其王，与汉军约和，汉军停止攻击，大宛终于献出善马。于是，汉军选择其中善马数十匹，中等马以下牡牝三千余匹，收兵而回。虽然李广利因功封海西侯，食邑八千户，但因为领兵的军吏贪图财物，不爱护士卒，所以最后能入玉门关者才万余人，马千余匹，可谓损失惨重。

这就是史书上有名的“李广利伐大宛”的真实历史，在他征行的路程中，的确遇到很大的补给难题，但却和悬泉没有关系。只是因为有这样的历史背景，加上李广利涉流沙、行万里的壮举，所以敦煌百姓把沙碛中接济行人的甘泉的出现，附会到敦煌历史上的名人头上，这是许多民间传说的一贯做法。

读史到此，我们不禁要问：汉武帝花费这样大的人力、物力，付出如此惨痛的代价，就为了那数十匹善马吗？历史学家对此做过几种不同的解释，有改良马种说，有宣扬国威说等，似乎都难做定论。太初四年初，汉武帝获汗血宝马后，曾作《西极天马歌》，见《汉书·礼乐志》。歌中唱道：“天马徕，从西极……疏予身，逝昆仑。”清楚地表明汉武帝不惜一切代价来征伐大宛，恐怕是受当时盛行的方士思想的影响而要驾驭“天马”做升仙的梦想。

实际上，在伐大宛之前，汉武帝就在寻觅天马了。《汉书·武帝纪》记载：元鼎四年（前113年）“秋，马生渥洼水中，作《天马》之歌”。《汉书·礼乐志》录《天马》歌时说：“元狩三年（前120年），马生渥洼水中作。”从当时的形势来看，元鼎四年的说法比较合适。到元鼎五年十一月，武帝下的诏书中说道，“渥洼水出天马，朕其御焉”，说明了天马的用途。

应当指出的是，这里的渥洼水就在敦煌。据《沙州图经》卷五记载：“寿昌海，右出寿昌县东南十里，去沙州一百廿里，方圆可一里，深浅不测，地多芦蓟。其水分流二道：一道入寿昌县南溉田，一道向寿昌东溉田。旧名渥洼水，元鼎四年……马生渥洼水……即此海也。”据里程推算，这里就在今南湖乡绿洲的东南角，原本是一个湖。唐代以后，湖水逐渐干涸，下方聚水成池，杂草腐殖，水生黄锈，所以名为黄水坝，民国时开始在此修水库，今天更建成为烟波荡漾的南湖水库（图17）。南湖水库就是渥洼水的嫡传，今天立有“渥洼池”的牌子。但清代敦煌官吏不知这些掌故，错把渥洼水比定为月牙泉，立“汉渥洼池”碑于池侧，其实是错误的。

图 17　汉代敦煌渥洼池——今日南湖水库

唐代的《沙州图经》卷五和另一件敦煌写本《寿昌县地境》都有“龙勒泉”条，其中说道：“按《西域［传］》云：汉贰师将军李广利西伐大宛，得骏马，愍而放之。既至此泉，饮[水]嘶鸣，辔衔落地，因以为名。”这当然是敦煌当地人把渥洼水的天马和贰师将军所得大宛宝马联系起来，暗示给读者，渥洼水的天马就是贰师将军在龙勒泉放的大宛马。但这个说法时间颠倒，逻辑混乱，李广利再大的胆子，也不敢把皇帝要的马给放了。所以，这只能说是一个地方传说而已。

然而，不论是《史记·乐书》所记的渥洼水神马后所作

《太一之歌》的歌词“太一贡兮天马下，沾赤汗兮沫流赭”，还是《汉书·礼乐志》所录《天马》歌词“太一祝，天马下。沾赤汗，沫流赭”，好像渥洼水的神马就像后来的大宛汗血马一样，是流的“赤汗”，这样看来，敦煌渥洼水的天马，正是武帝心目中的“天马”。

大宛的“天马”，并不仅仅是武帝喜欢，直到东汉时期，一直有“天马”通过敦煌送往都城。悬泉置出土汉简中就有这样的记录:“元平元年（前74年）十一月己酉，□□诏使甘护民迎天马敦煌郡，为驾一乘传，载御一人。御史大夫广明下右扶风，以次为驾，当舍传舍，如律令。”连御史大夫田广明都预其事，可见这次从敦煌迎来的天马，一定也非同小可。

中国历史上的秦皇、汉武都是雄才大略的君主，有着许多共同之处，其中一个特点就是都喜欢方士的升仙学说（图18）。不过两人又有所不同，秦始皇的目标是东方，所以派徐福入海寻找蓬莱等仙岛，自己还多次到东南沿海巡视，看什么地方可以入海成仙；汉武帝的目标显然主要在西方，所以派李广利伐大宛，希望获得汗血天马，能够乘之升仙，即所谓“疏予身，逝昆仑”也。

图 18　马王堆 1 号汉墓帛画上的升天图

丝绸——经由敦煌的东西方物质文化交流

张骞开通汉朝与西域的直接交通路线后，西方各国的珍宝异物、宗教思想，陆陆续续流入中原。同时，以丝绸为代表的中国物品，也源源不断地运往西方。位于丝路干线上的敦煌，很快就成为东西方的贸易中心和商品中转站。

用丝绸所制成的各种丝织品，无疑是从中国运往西方的最重要的产品。虽然丝绸质地薄，很容易腐烂，但由于中国西北以及中亚、西亚许多沙漠或半沙漠地区的气候干燥，使得许多丝绸制品经过两千年的漫长岁月，仍然保存至今，有些还相当完整。把这些丝绸制品发现的地点连缀起来，也就和我们上面所描述的丝绸之路大体相合。“丝绸之路”绝不只是丝绸向西方输出之路，但丝绸应当是最大宗、也最受西方世界欢迎的产品，所以“丝绸之路”的名称是非常贴切的。

斯坦因在玉门关遗址（T14）、楼兰城遗址等地曾经发掘出一些丝织品（图19），其中一件丝绸条带上写有汉字：“任城国亢父绸一匹，幅广二尺二寸，长四丈，重二十五两，直钱六百一十八。”任城国是东汉章帝元和元年（84年）所封的诸侯国，在今山东济宁，表明这是古代山东地区出产的丝绸，上面写好长宽和重量以及时价，显然是为了出售时方便，类似今天的产品标签。

无独有偶，斯坦因在玉门关遗址中，还发掘到一件带有印度婆罗谜字母书写的梵文的丝绸，大意是“[这条] 丝绢长四十虎口”。斯坦因据同出的汉文简牍文书，判断这件丝绢的

图 19　斯坦因在敦煌发现的生丝

年代在前61—公元9年，另外也有学者断代在前40年左右。

以上两件敦煌玉门关遗址发现的丝绸表明，当时来敦煌将丝绸或丝织品向西方转运的人，除了汉朝的使者外，还有印度的商人，他们为了方便兜售这些丝织品，往往把长度甚至价钱写在外面。而且，汉文和婆罗谜文题记所示的长度，换算起来是一致的，所以表明当时东西方是用同样的标准，来出售手中的丝绸货物。

由敦煌往西，考古学家在楼兰古城、尼雅的精绝故地、叙利亚沙漠城市帕尔米拉（Palmyra）、东欧克里米亚半岛刻赤遗址，都发现过属于汉代时期的丝绸，印证了丝绸之路上丝绸的传播。

在古代希腊、罗马的古典作家的记录中，也有不少有关早期丝绸传播的记录，比如1世纪时的罗马学者老普林尼(Gais Plimy the Elder）所著《博物志》，对位于陆地另一边临海的赛里斯人有了比较明确的认识，他说:“其（赛里斯）村中产丝，驰名宇内。丝生于树叶上，取出，湿之以水，理之成丝。后织成锦绣文绮，贩运至罗马。富豪贵族之妇女，裁成衣服，光辉夺目。”这里的赛里斯显然是指中国，表明丝绸成为罗马帝国时髦的服装原料。经过从中亚到西亚的层层倒卖，丝绸或丝织品到了罗马，变成非常昂贵的商品。罗马贵族喜欢穿上轻盈的丝绸服装，来显示自己拥有的财富；罗马贵妇也喜欢穿上这种透明的丝绸服装在社交场合抛头露面。这种风尚对罗马的社会、经济都带来影响，以至于14年，罗马元老院曾下令禁止男性臣民穿戴丝绸服装，对妇女使用丝绸也做了一定程度的限制。

在汉朝和罗马之间的安息，从丝绸的中转贸易中赚取了大量财富。97年，东汉的西域都护班超派遣部下甘英出使大秦（罗马帝国）。甘英一直来到波斯湾头的幼发拉底河和底格里斯河入海处的条支（Antiochia），准备渡海西行，但安息人为了垄断东方与罗马的贸易，向甘英夸大了阿拉伯海航行的艰险，结果阻止了甘英进一步西行，自条支而还。甘英虽然没有到达原定的目的地，但他仍可以说是中国第一位走得最远的使者，是一位让人崇敬的时代英雄。他亲自走过了丝绸之路的大半段路程，还了解了从条支南出波斯湾，绕阿拉伯半岛到罗马帝国的航线。

从前2世纪到后2世纪，沿着欧亚内陆交通干线，自西向东，有四大帝国并列其间，即欧洲的罗马(前30—284年)、西亚的安息（帕提亚，前3世纪中叶至226年）、中亚的贵霜（约30—226年）、东亚的汉朝（前206—220年）。在公元前后两百年间，四大帝国都处在国势昌盛的时期，积极向外扩张，使东西方世界直接联系起来，中国、印度、西亚和希腊罗马四大古代文明有了直接的交流和影响。可以说，从此以后，任何文明的发展也不再是相对孤立地进行了。

华戎所交，一大都会

西汉末年，王莽专权，他用传统儒家贬斥四夷的作法处理民族关系，中原与西域的联系一度中断。东汉初，汉明帝派班超经营西域，重新恢复了西域都护对塔里木盆地的统治。以后汉朝与西域的联系时断时续，河西东部也时有动乱，西域各国入朝的王子，都逗留在敦煌，大批商胡也随之而来。在悬泉置的汉简当中，就有不少有关西域质子的记录。

另外，西汉末，中原动乱，河西却富庶平安，许多中原的大族避乱西迁，在河西定居下来。大族的到来，带来了中原的文化，也为河西地区增添了熟悉农业生产技术的大批劳动人手。东汉时，河西东部地区常常受到羌人的起兵扰乱，敦煌所在的河西西部却相对比较平安。同时，北匈奴重新强盛，控制了西域，汉朝在西域的统治逐渐崩溃，代替西域都护主管西域事务的护西域副校尉长驻敦煌，而敦煌太守成为汉朝在西域地区采取军事行动的实际负责人。清朝初年在新疆巴里坤湖畔发现的汉顺帝永和二年（137年）立的《敦煌太守裴岑纪功碑》，就是敦煌太守率军进击匈奴呼衍王的记录。敦煌可以说是当时统治西域的军政中心。

东汉末年，中原战乱频仍，秩序混乱。作为中西交通的咽喉之地敦煌，甚至二十多年没有太守，当地豪强大姓雄张，兼并土地，使小民无立锥之地，前来贸易的西域商胡也备受欺诈。据《三国志·魏书》记载，三国曹魏明帝太和年间(227—231年)，仓慈出任敦煌太守，对当地豪族欺辱“西域杂胡”的情况加以整顿，商胡“欲诣洛者，为封过所；欲从郡还者，官为平取，辄以府见物与共交市，使吏民护送道路”，有力地抑制了豪强的兼并和勒索，为西域商人前往内地买卖提供种种方便，西域商胡以敦煌为根据地，有的前往洛阳兴贩贸易，有的由此返回家乡，敦煌成为汉族与西域各族民众密切交往的一个国际贸易都会。

《后汉书·郡国志》引《耆旧记》赞美敦煌，称：“国当乾位，地列艮墟。水有悬泉之神，山有鸣沙之异。川无蛇虺，泽无兕虎。华戎所交，一大都会。”乾位是易卦象征的西北方，艮墟指东北方，这里应当是泛指北方。悬泉水可以说是神灵所赐，而鸣沙山的轰鸣也是山中少有的灵异。河川中没有毒蛇，草泽中没有猛兽。敦煌是一个汉人、胡人融汇在一起的大都会。

佛教东来——敦煌的佛教都市空间

大月氏人口授《浮屠经》

让我们重新进入敦煌莫高窟的第323窟，来仔细端详一下甘泉宫中的那两尊金人（图20）。画家在此“故弄玄虚”，先说汉武帝获得匈奴金人而不知名号，所以让张骞出使大夏，才得知这是佛像。但他们所画的两尊神像，其实就是完完全全的佛像模样。

关于这两尊匈奴金人，《汉书·金日磾传》说：“武帝元狩中，骠骑将军霍去病将兵击匈奴右地，多斩首，虏获休屠王祭天金人。”可见在匈奴那里，金人是用来祭天的。这可能是匈奴人进行原始崇拜活动时的祭祀用品，也可能是匈奴接受波斯古老宗教琐罗亚斯德教后的祭祀活动用品，因为琐罗亚斯德教是祭祀天神、光明神的。

不论如何，“甘泉宫的佛像”只是唐初僧人的附会，而不是真实的历史。抛去其他理由不讲，就从佛教本身的发展历史来说，这也不可能是佛像，因为相当于汉武帝的时代，不

图 20　莫高窟 323 窟的“甘泉宫佛像”

仅中国不可能有佛像，匈奴、中亚、印度也都没有佛像。根据学者的研究，佛教初传时期既不存在佛陀本尊像，也不存在佛弟子像。这和早期佛经《增一阿含经》的记载是相符的。该经指出，超凡的“如来身者，不可造作”“不可模则”，“诸天人自然梵生……也不可貌像”。一般认为，佛陀等众神像的起源及佛教神像图谱的建立，与大乘佛教在受希腊文化影响的贵霜王朝统治下的西北印度兴起有关，也和犍陀罗艺术和秣兔萝（马土腊）艺术的相应发展有关。

没有佛像，那么当时印度、中亚已经有了佛教，是否张骞出使西域，有可能也获得佛经呢？这在有关张骞的汉代文献里是没有任何记载的，把张骞和佛教联系起来的是后来佛教徒的造作，不是真实的历史。

从敦煌出土的汉简来看，内容主要是士兵的账簿，中央和地方官府的诏令，还有识字课本，以及极少的儒家小经（如《论语》）。可以说西汉的敦煌，主要是一个贫民、士兵、遣犯屯戍的兵站，没有传播佛教的文化基础。其实，不仅仅西汉河西是佛教的真空，当时的西域也是佛教的真空，道理和河西是一样的。

佛教传入中国的确切记载，是《三国志》裴注引《魏略·西

图 21　钱币上的贵霜王形象

戎传》:“昔汉哀帝元寿元年（前2年），博士弟子景卢受大月支王使伊存口授《浮屠经》。”大月支就是大月氏。在此之前的前1世纪后期，从河西经天山北麓迁徙到大夏领地的月氏各部，正在逐渐合并，走向统一，在30年前后，贵霜翎侯丘就却（Kujula Kadephises，大约30—80年在位）统一了五翎侯（叶护）各部，最后建立了势力强盛的贵霜（Kushan）王朝（图21）。因此，前2年来到中原的大月氏使，应当是出自某个信奉佛教的大月氏某部。

月氏人所在的巴克特里亚地区发现的希腊文和阿拉美文阿育王（前268—前237年）石柱表明，前3世纪时，佛教已经传到这一地区。尽管这里经过了从希腊化的巴克特里亚王朝到大月氏人建立的贵霜王朝的转化，其间还有其他民族建立的大大小小政权，但佛教的影响却延续下来。佛经中的《弥兰陀王问经》透露出，这位印度—希腊君主米南德（Menander，前150—前135年在位）曾对佛教颇有热情。而且，在希腊人占据犍陀罗地区的末期或稍后，一位当地的总督梅里达赫·提奥多鲁斯（Meridarch Theodorus）曾供奉斯瓦特（Swat）地区的佛舍利。而意大利考古队在斯瓦特地区的发掘，以及学者们对塔克西拉(Taxila，即坦叉始罗）遗址资料的再评价，也使得某些学者把第一尊佛像的出现时间定在前1世纪（图22)。

图 22　斯瓦特地区出土的早期佛像

两汉之际，佛教已经从大月氏人那里，大概经敦煌所在的河西地区传入中原，很快就和中国传统的神仙方术混在一起，在东汉都城洛阳和东南沿海一带流传开来。史书记载，东汉明帝永平八年（65年)，诏天下死罪者可以纳缣赎罪，明帝的异母弟楚王英，封在彭城(今江苏徐州)，也纳缣请罪。明帝下诏说:“楚王诵黄老之微言，尚浮屠之仁祠。”不是什么罪，将所纳还给他,“以助伊蒲塞（优婆塞)、桑门（沙门）之盛馔”。这表明佛教在上层统治者中已有了一些信徒，而且这时的黄老（道教）与浮屠(佛教）没有什么区分，都被当作祈求现实利益和长生不老的神灵来祭祀和崇信。到东汉桓帝时（147—167年)，宫中立“黄老、浮屠之祠”。献帝初平四年(193年)前后，丹阳人笮融在广陵（今江苏扬州）、丹阳(今安徽宣城）一带,“大起浮图祠，以铜为人，黄金涂身，衣以锦采。垂铜盘九重，下为重楼阁道，可容三千余人。悉课读佛经，令界内及旁郡人有好佛者听受道，复其他役以招致之，由此远近前后至者五千余户”。说明佛教已广布民间，而且开始铸造佛像，建立寺院。佛教在中国的早期传播，地点主要在洛阳和东南沿海地区，这里也是当时黄老道教最为盛行的区域，有着接受异教神仙的思想和宗教基础。相反，当时的敦煌，则不具备这样的基础，即使同时代的敦煌已经有了佛教，但势力还很微弱。

另外，考古工作者也在属于东汉时期的墓葬中，找到一些佛的形象，主要的有:(1）内蒙古和林格尔小板申1号墓前室顶部南壁，绘有白象上骑着身穿红衣的佛或菩萨像，有墨书榜题“仙人骑白象”，年代在东汉桓、灵时期;(2）山东沂南东汉桓帝前后画像石墓中室的八角擎天柱的南面和北面的顶端是带项光的佛像;(3）河南滕县出土的一块东汉晚期画像石残块上，有两个六牙象的图像;(4）四川乐山城郊麻濠东汉崖墓中间后室的门额上有浮雕坐佛像（图23);(5）乐山柿子湾东汉崖墓两个后室门额上，也都刻一尊带项光的坐佛像;(6）四川彭山东汉崖墓出土陶摇钱树座上有结跏趺坐佛像，有高肉髻，手作施无畏印，两旁为大势至和观音菩萨，年代为东汉

图 23　四川乐山麻濠摩崖墓东汉佛像

后期；(7) 还有人认为孔望山摩崖造像也是东汉时期的佛教造像，但也有许多反对的意见。

一些学者认为，从这些图像是否具有宗教功能上来看，它们只是汉代通俗艺术所随意吸收的佛教因素，而不是严格意义上的佛教艺术，是中国本土信仰和宗教崇拜对佛教因素的盲目吸收。山东沿海和四川、内蒙古发现的佛教图像，地理范围广泛，但与佛教传播无关，因为这些形象通过实物传播，易于进入边远地区，同时也易于丧失原本的含义。比如这些图像常常见于坟墓中，作为随葬品出现，这不是佛教的本义。但这些图像确实是佛像，四川的佛像更是具有犍陀罗艺术的风格，它们表现的是犍陀罗艺术的风格和汉代艺术传统的结合。这些考古资料说明，在以洛阳的宫廷为中心的洛阳及东南沿海的浮屠与黄老同祀这种混合崇拜之外，在东汉的边远地区，还有一些对于佛教这种外来神祇的盲目崇拜。

最后，以148年安世高至洛阳为标志，有了组织严密的寺院，有外国僧侣和中国居士，有正规的教义，以僧伽为核心的规范化佛教，开始在中国内地传播，但这个教团与宫廷佛教没有关系。

贵霜早期的『藏经洞』——敦煌佛教的曙光

迄今为止，在西域（新疆）范围内尚未发现确切属于汉代的佛教遗迹，因而有些学者甚至以为中国佛教是从海路传入的。实际上，在印度和中国东南沿海之间，有着许多无法解释的问题。相对而言，两汉时期汉代与中亚通过陆路的交往，远比汉代与印度通过海路的交往频繁得多。

持海路说者往往以《后汉书·西域传》中没有关于西域佛教的任何记载，来论证东汉的西域没有佛教。其实,《后汉书·西域传》的资料来源于东汉经营西域的名将班勇，所记为班勇127年从西域退出以前的事情。即使把汉朝势力完全退出西域的175年作为西域没有佛教记录的下限，也不能说明175年以后西域诸国是否已经信了佛教。因为安世高是148年到洛阳的，佛教考古资料的年代大多数在147年以后，因此，在175年以后佛教传入西域的可能性是完全存在的。按照佛教史学家许理和（Eric Zürcher）的说法，相对来讲，西汉和东汉前期的西域（塔里木盆地诸国）没有佛教，是因为那里没有高度发达的经济来维持僧伽这样的寄生组织。对比前后《汉书·西域传》，可以知道2世纪时西域人口大爆炸，可能是汉代的密集型灌溉农业通过屯田传到那里的结果。农业的发达，推动了城市的出现、商业的发展和城市贵族的形成，具备了建立僧伽的条件。所以，佛教在2世纪的后半叶，即东汉后期在西域开始传播，已经是情理中的事了。

我们先来看看塔里木盆地的西面，即今巴基斯坦和阿富汗地区的古代大夏（巴克特里亚）和贵霜王国佛教发展的情形，因为文献记载前2年就有大月支王使伊存在洛阳口授《浮屠经》的事，而早期来中国的译经僧也大多数来自贵霜王国及其势力范围内。

说到大月氏的佛教，不能不提上世纪90年代以来阿富汗地区的一些新发现。

在1990年前后，东京“日佛交易社”的栗田功，曾在巴基斯坦的白沙瓦拍摄过几个陶罐，其中有桦树皮佉卢文写经，陶罐上面有“属于法藏部所有”的字样，他把这些照片交给梵文学家定方晟教授，定方晟吃了一惊，居然是如此早的法藏部经典，他就这些照片显示的不完整资料，分别用日文和法文撰文加以介绍。

1994年9月，五个内装有桦树皮写本的陶罐被人倒卖到伦敦，一位不愿透露姓名的善人把这些珍贵文物买下捐赠给英国图书馆。1996年6月，英国图书馆向外界报告了这一消息，称这些是用佉卢文（Kharosthi）字母书写的犍陀罗语（Gāndhārī）佛教文献，据说来自阿富汗，推测应是哈达（Hadda，位于贾拉拉巴德南）地区。英国图书馆将这批写本交美国华盛顿大学邵瑞祺（Richard Salomon）教授整理。1997年，邵瑞祺发表《英国图书馆最近所获一些早期佛教写本的初步研究》，介绍了初步整理结果。1999年，他又主编出版了《来自犍陀罗的古代佛教经卷——英国图书馆所藏佉卢文残卷》一书，全面介绍了这批写本的外观和内容。

这是一批写在桦树皮上的古代经卷，装在五个大陶罐中，罐上都有佉卢文的供养题记（图24a-b）。写本总共有13捆，

图 24a-b　阿富汗出土装有佉卢文写经的陶罐 D、C

包含了32个残片（图25），送到英国图书馆时，一共29件，编为29号，文字用佉卢文，语言是犍陀罗语，或称西北印度俗语（Prakrit）。邵瑞祺教授仔细分析了这种陶罐的产地和上面的题记、桦树皮写经及这种把佛经装在陶罐中的做法，还有此前已经发现的所有佉卢文写卷的情况，推测这批写卷主要来自阿富汗东部贾拉拉巴德地区，可能就是哈达（即《法显传》《大唐西域记》中的醯罗）地区的一个法藏部的佛教寺院。这里曾经是佛教圣地，5世纪以后受到嚈哒的破坏。法国考古队20世纪20年代曾在此发掘，所获艺术品十分丰富，皆为犍陀罗风格的雕像。

图25 英国图书馆所得桦树皮佉卢文写卷

这些古老写本的内容包括“经”及注疏、“论”及注疏、“偈颂”文献、“譬喻”及相关文献、其他文体及梵文不知名医学文献。至于这批佛典的年代，根据陶罐上的供养人题记，再加上文字和语言的证据，邵瑞祺认为这批写卷写成的时间，应该是在1世纪早期，而且他更倾向于大约10至30年。根据陶罐上的佉卢文题记，这些经典原本应当是属于一个法藏部的寺院，它们是被有意存放起来的。这种做法和敦煌藏经洞最后的封存有些类似。

如果以30年为贵霜王朝建立的起点，那么这批写卷就是贵霜王朝建立之前犍陀罗地区印度—月氏系小王国中佛教寺院的遗物了。如此早的佛典在大月氏地区的发现，证明了西北印度地区早期佛教寺院和佛典藏经的存在，而且当时的印度—月氏小王中，有不少是佛教的有力支持者。贵霜王迦腻色伽（Kanishka，大约100—126年在位）是佛教史上继阿育王之后的又一大法王，在他的钱币上，已经有完好的佛像和用大夏语拼写的“佛陀”字样（图26）。迦王曾着力于佛教传播，于是贵霜帝国范围内的犍陀罗等地迅速发展起来的佛教雕像艺术，很

图 26　上有佛像的迦腻色伽王钱币

图 27a　犍陀罗佛教艺术之一坐佛像

图 27b　犍陀罗佛教艺术之二弥勒菩萨坐像

图 27c　犍陀罗佛教艺术之三佛传故事图像

快传布到印度、阿富汗和中亚各城镇，留下了哈达、贝格拉姆（Begram，喀布尔东北约64公里）等一系列遗址，出土了许多精美的佛教造像（图27a-b-c）。所以东汉后期的佛教图像较多，大概不是偶然的，应当与贵霜有着密切的关系。

在英国图书馆所获的这批写本中，犍陀罗语《法句经》的发现，对于西域佛教的研究意义特别重大。我们知道，在19世纪末、20世纪初，法、俄两国的考察队和外交官曾经从新疆和田地区购得一部写在桦树皮上的佉卢文犍陀罗语《法句经》(图28)，是此前发现的最古老的佛教文献写本，但因为没有可资对照的材料，所以年代也不确定，从1世纪到3世纪，各种说法都有。与新发现的文本对照，和田出土《法句经》的语言是一种明显受到翻译过程影响的书面语言，而这批新发现的写卷，一部分也带有“翻译味”，但一部分则具有“口

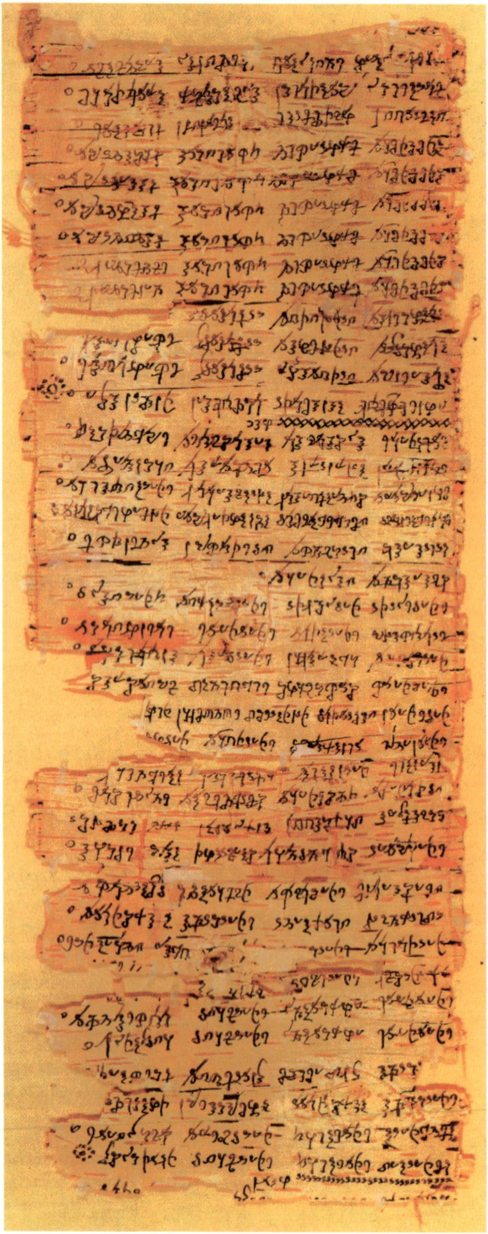

图 28　和田出土
佉卢文《法句经》

语”的特点。显然，和田的《法句经》要较哈达的《法句经》晚，但因为字体、语言、书写材料基本相同，也不会晚得太远，既然哈达的写本是1世纪早期的，那么和田《法句经》的年代推测在2世纪是不无可能的。

于是，从现存的史料和考古发现的零散文物，我们看到这样有意思的景象：一方面，被大月氏占领的大夏地区，在前3世纪已经有了佛教，到前1世纪，许多月氏小王是佛教的赞助者，并推动了佛教的传播。到1世纪，由于贵霜的推动，以犍陀罗为中心的犍陀罗语佛典和犍陀罗风格的佛教艺术开始向外传播，大概在2世纪进入塔里木盆地的于阗等地。另一方面，早在前1世纪的末叶，中原王朝接待的月氏使者已经口授佛经，随后在1世纪至2世纪，佛教在东汉首都洛阳和东南沿海地区慢慢流行开来，与黄老道教混在一起；而一些图像则随着物质文化的传播而进入边远地区，受到盲目的崇拜；到2世纪中叶，从安息、贵霜等地来的佛教高僧，在洛阳创立了正规的寺院，并开始大量翻译佛经。按道理来讲，2世纪，也就是东汉中晚期，佛教传入敦煌是很有可能的事情了。我们期待着西域佛教的曙光早点照亮敦煌，换句话说，我们期待着在敦煌早点发现东汉时期的佛教遗迹。

『敦煌菩萨』竺法护

目前所见敦煌佛教的确切记载，是西晋时世居敦煌的月氏高僧竺法护，率领一批弟子在这里译经布道，人们称之为“敦煌菩萨”。

据僧祐《出三藏记集》和慧皎《高僧传》的记载，竺法护原先是月支人，世居敦煌，应当是小月氏的后裔。年八岁（236年）就出家，原本应当叫支法护，师事天竺（印度）沙门高座为师，所以又称竺法护。他每日诵经万言，过目不忘，笃志好学，万里寻师，博览六经，涉猎百家之言。他游历到长安时，觉得“寺庙图像虽崇京邑”，但“方等深经蕴在西域”。于是慨然发愤，随师父前往西域，游历诸国，遍学外国三十六种语言，搜寻并学习各种语言文字书写的佛典，然后带着大量胡本佛书，回到中夏，自敦煌至长安，沿路传译，写成汉文。史称“经法所以广流中华者,〔竺法〕护之力也”。

太康五年（284年），罽宾文士竺候征若携带《修行道地经》至敦煌，法护“究天竺语，又畅晋言”，于二月二十三日开始和他一起加以翻译，其弟子法乘、法宝笔受记录，还有贤者李应荣、承索乌子、剡迟时、通武、支晋、支晋宝等三十余人“咸共劝助”。到十月十四日，法护在敦煌又从龟兹副使羌（一作美）子侯处，得梵书《不退转法轮经》(又名《阿维越遮致经》)，于是“口敷晋言”，口授给弟子法乘，使之流布。可见，敦煌是法护最早翻译佛经的译场所在，参加者除了自己的弟子外，还有许多僧俗两界的人士。同时，我们也可以看出，当时一些西域的佛经，也从罽宾、龟兹等地传到敦煌。

此后，法护又到长安，286年翻译了《持心梵天所问经》六卷、《正法华经》十卷、《光赞般若经》十卷等。然后又到洛阳，289年在洛阳白马寺翻译出《文殊师利佛土严净经》二卷等；291年译出《勇伏定经》(《首楞严三昧经》）二卷、《大哀经》七卷等；292年译出《诸佛要集经》二卷。294年，法护又回到河西，在酒泉翻译了《圣印法经》一卷。以后再回长安，297年译出《渐备一切智德经》十卷。晋末关中扰乱，惠帝西奔，百姓流移，僧传上说法护“与门徒避地东下，至渑池遘疾卒”。但佛教史学家汤用彤先生认为，惠帝西奔在304年，此后四年，法护还在天水寺翻译出《普曜经》八卷，所以推测法护和其他关中百姓一样，可能避地凉州，这也是他翻译的佛经大多数在凉土保存下来的原因。

法护一生翻译佛经有175部，354卷（用《开元释教录》的统计），是佛教传入中国以来译经最多的人，所译经典也是鸠摩罗什以前中国尊崇的大乘要籍，因此影响十分深远。虽然他的贡献是对应于整个中国佛教，但他在西北地区的影响，也是既深且远的。

法护的弟子竺法乘，在敦煌“立寺延学，忘身为道，诲而不倦”。日本大谷探险队曾在吐鲁番的吐峪沟石窟发现元康六年(296年）三月十八日抄写的《诸佛要集经》写本，是目前所能确知的最早的吐鲁番出土佛典。这是四年前竺法护在洛阳刚刚译出的佛经，随后就传抄到高昌地区，说明法护所译大乘经典向西的流传和影响。

到前凉时，又有高僧单道开、竺昙猷等人，在敦煌修习禅法。

总之，这批高僧的出现，应当不是偶然的，它与敦煌地区佛教传播的程度有关，同时也是由于当时整个中国的形势使然。

东汉末年，中原军阀割据混战，最后形成魏、蜀、吴三国鼎立局面，敦煌在曹魏的统治下生产有了进一步的发展。西晋虽然有短暂的统一，但很快就是八王之乱（291—306年）、永嘉之乱（311年），接着是西晋灭亡（316年）、晋室南迁（318年），北方少数民族入主中原，大批中原的士人逃到河西。十六国时期（304—439年），敦煌先后归属于前凉、前秦、后凉、西凉和北凉五个政权。

前凉（313—376年）张氏的统治中心在河西东部的武威，敦煌仍然是河西政权控制西域的重镇。345年，前凉把敦煌、晋昌、高昌三郡和西域都护、戊己校尉、玉门大护军三营合并，称作沙州，治所在敦煌，以西胡校尉杨宣为刺史。

前秦（376—387年）是由氐族苻氏建立于长安的政权。376年，前秦灭前凉，控制了包括敦煌在内的河西。382年，苻坚派吕光进攻龟兹。为了巩固经营西域的基地，385年，苻坚迁江汉百姓一万户、中原百姓七千余户到敦煌。大批中原士族和百姓的到来，促进了敦煌耕地的开发和经济实力的增长。

前秦政权因淝水之战的失败而瓦解。386年，吕光从西域返回河西，在凉州（武威）建立后凉政权（386—403年）。

395年，后凉内乱，“武威、张掖已东人西奔敦煌、晋昌者数千户”，继续给敦煌输入人力。

400年，李暠在敦煌自称凉王，建立了独立于武威后凉政权的割据政权——西凉。这是敦煌历史上第一次成为一个独立政权的都城。据《沙州都督府图经》卷三记载，李暠在敦煌城内修建恭德殿、靖恭堂、嘉纳堂、谦德堂（图29），议朝政，阅武事；又为其父立先王庙；还设立泮宫，增设高门学

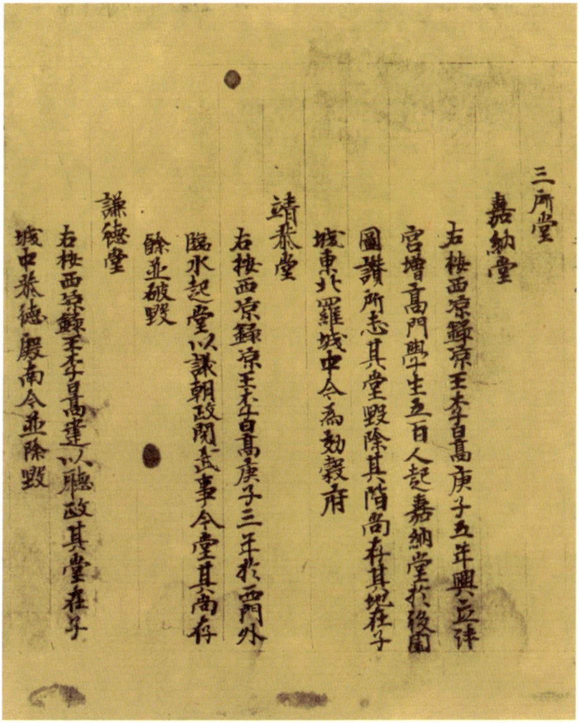
三所堂
嘉納堂
右按西涼録涼王李暠庚子五年興立泮
宮增高門學生五百人起嘉納堂於後園
圖讃所志其堂毀除其階尚存其地在子
城東北羅城中今爲効穀府
靖恭堂
右按西涼録涼王李暠庚子三年於西門外
臨水起堂以議朝政閲武事今堂基尚存
餘並破毀
謙德堂
右按西涼録涼王李暠建以聽政其堂在子
城中恭德殿南今並除毀

图 29 《沙州图经》所记西凉王国建筑

生五百人；而于阗、鄯善等西域王国也来遣使朝贡；敦煌俨然有都城的规模。然而，沮渠蒙逊灭后凉、建立北凉（401—439年）后，对西凉构成巨大威胁。李暠为对付北凉的侵逼，于405年迁都酒泉，并随之带走了两万三千户，使敦煌的实力大为削弱。420年，北凉打败酒泉的西凉王李歆，西凉灭亡，歆弟恂等曾据敦煌抵抗。421年，沮渠蒙逊亲率二万大军攻敦煌，以水灌城，恂派壮士潜出城外掘堤，均被擒获。李恂最后兵败自杀，蒙逊“屠其城”。敦煌丁壮被杀，人口减少，更加衰落下去。

由于敦煌的衰微，而北凉的主要对手是立都平城（山西大同）的北魏鲜卑人，所以北凉时期的敦煌没有特别的事迹可言。

魏晋南北朝时期，中原天下大乱，不少大族和有文化的士人纷纷迁居河西以避战乱，促使中西交往的孔道——河西走廊的文化得到前所未有的提高。先后建立的五凉王朝，也集中了大批人才。前凉、西凉和北凉的统治者，都十分注重尊重、保护知识人，为他们教授生徒和著书立说提供良好的条件。如敦煌效谷人宋纤，就有受业弟子三千余人。当时敦煌的汉文化水平，并不亚于中原北方甚至东晋南朝，这里涌现出一大批著名学者，如宋纤、郭瑀、刘昞、阚骃、宋繇、张湛等，他们的某些著作曾传写到南朝，有些人则由北凉入北魏，为魏、周乃至隋、唐制度的形成与文化的发展作出了贡献。

中原世家大族的到来，也把内地流行的道教传到敦煌。上面提到的前凉和前秦时的敦煌人郭瑀，就是一位“虽居元佐，而口咏黄老”的道教信徒。敦煌西北长城烽燧下，曾发现一枚晋代的符箓，属于早期天师道的遗物。敦煌《老子想尔注》写本（S.6825），如果不是后代才传入的北朝抄本，那就可证明敦煌天师道的流行。从敦煌佛爷庙、新店、祁家湾等地出土的镇墓文，也可以看到民间的方仙道的影响。

文化水平的提高和大量士人的存在，为本地区大量接受外来文化提供了知识的基础，也为敦煌向中原输送外来文化提供了方便。大概从汉末到魏晋时期，随着中原士族的到来和当地文化水平的提高，佛教很快就在这里传播开来。五凉的动乱和北魏与柔然的战争等一连串动荡的岁月，也促进了佛教在敦煌民众间的流传和发展。

西行求法运动与莫高窟的开凿

佛教传播到中国的方式，一是携带佛经的外国高僧来到中原，译经传道；二是中国的僧人前往西域和印度，求取真经，学习教法。早期的外来高僧，大多数来自安息、康居、月氏等贵霜帝国及其势力所及的范围，如安世高、支娄迦谶、支谦、康僧会等，这些人所带来的佛经，并不是印度的梵本，而主要是中亚地区流行的犍陀罗语（梵文俗语）等西域胡语文字书写的文本，各种文本之间不无差异，于是产生了很多不同的解说。为了弄个究竟，从曹魏时期的朱士行开始，中国的僧人一批又一批前往中亚和印度取经，从魏晋南北朝到隋唐，一直没有中断，可以说是一项“西行求法运动”。

260年，颍川人朱士行为了寻找大品《般若经》，从长安出发，西渡流沙，到达于阗，获得正品梵书胡本九十章，六十余万言，派弟子送回中原。我们不知道朱士行是否经过敦煌，但当时从长安到于阗，应当是经过敦煌的。

从此，中国的僧人开始一代又一代西行求法，正是在这样的背景下，加之竺法护及其弟子在敦煌的译经传法，为敦煌莫高窟的开凿，准备了条件。

据武周圣历元年（698年）立于莫高窟的《李君莫高窟佛龛碑》(简称武周碑）的记载，前秦建元二年（366年),有个叫乐僔的沙门，从东向西，杖锡来到敦煌城东南鸣沙山东麓，忽然眼前一亮，金光灿烂，好像有千佛在金光中显现。于是，他就在鸣沙山东面的悬崖上，开凿了莫高窟的第一所佛窟。有关莫高窟最初开凿的情况，没有同时代的文献记载，武周碑的上面一段文字，应当是目前所能见到的最早记录，因为是当地的文献，虽然距离事件发生的年头已经过去三百多年，但还是很值得信赖的，只是其中一些细节我们无从知道。推想起来，乐僔很像是一个西行求法的和尚，当他在黄昏时分，忍着饥饿来到鸣沙山前面时，抬眼望去，夕阳从山顶映照下来，好似万道金光。他觉得这里可能就是他要寻找的佛国境地，于是开凿了第一个石窟。

不久以后，又有一位从东方来的法良禅师，在乐僔的窟旁边，又营造了一个洞窟。从此，开始了近千年的敦煌石窟艺术创造。从前凉到北凉，在高僧的感召下，在统治者的支持下，在当地大族的赞助下，敦煌的佛教得到迅猛的发展。到北魏平定北凉之前，这里已是“村坞相属，多有塔寺”了。至今，乐僔、法良开凿的洞窟已经很难追寻，但有一些属于北凉时期的洞窟和小佛塔保存下来。

朱士行之后最著名的西行求法僧是法显。法显是平阳武阳（今山西临汾）人，三岁出家。他受大戒后，在长安修行，感叹中国的佛教戒律不全，所以立志去印度访求。法显并不是一个人出行的，339年，他和慧景、道整、慧应、慧嵬四人一起从长安出发，到张掖后，遇智严、慧简、僧绍、宝云、僧景，一道进至敦煌，停留一个多月，然后法显等五人随使先行，敦煌太守李暠供给他们渡过流沙到鄯善国，住两个多月，宝云等后至。然后，智严等三人返向高昌求资装，法显继续西行到于阗。法显游历了印度许多佛教圣地，最后经师子国（今斯里兰卡），由海路回到中国，在青岛上岸。法显的行迹超过了张骞、甘英和此前的求法僧人，并且留下记载其旅行见闻的《佛国记》(一称《法显传》)，大大增加了中国人对中亚、印度等地佛教王国的认识。而敦煌正是法显一行求法活动的真正起点。

法显以后，比较有名的求法僧还有智猛、法勇、法献等，可惜都没有留下自己的著作。到518年，北魏胡太后派遣崇立寺比丘惠生往西域取经，以敦煌人宋云偕行。之所以选宋云出使，应当和他是敦煌人且熟悉西域情形有关。惠生、宋云一行自洛阳出发，经吐谷浑到鄯善国，过于阗，越葱岭，到乌场国。至521年回到洛阳，共得大乘佛典一百七十部。他们的这次求法记录，部分保存在《洛阳伽蓝记》卷五“城北闻义里敦煌人宋云宅”条目的下面（图30a-b）。

不论是西晋十六国，还是后来的南北朝，都不断有东往西去的求法僧和译经僧途经敦煌，时时给敦煌的佛教注入活力。敦煌既是东来僧人步入河西走廊的最初落脚点，也是西去僧侣和使臣告别祖国的地方，莫高窟作为西行者祈求道途平安的处所，应当说是香火不断。

图 30a-b　北魏洛阳永宁寺遗址出土佛像

凉州模式

439年，北魏太武帝拓跋焘率军攻占北凉首都姑臧（武威），凉王沮渠牧犍降魏，北凉实际灭亡，但凉王诸弟仍在河西西部进行抵抗。在北魏军队的强大压力下，441年，据守敦煌的牧犍弟无讳，派遣弟安周率五千人西击鄯善（今若羌），鄯善王比龙拒之，安周不能克。442年，无讳见河西大势已去，自率万余家撤离敦煌，西渡流沙，尚未至鄯善而比龙已西奔且末，其世子投降安周，无讳兄弟占据鄯善。同年八月，无讳留从子丰周守鄯善，率众经焉耆进军高昌。九月，击败高昌太守阚爽，入主高昌城，仍号“河西王”。443年，无讳改元“承平”，建立号称“大凉”的高昌地方割据政权。444年，无讳死，安周即位。由于北凉王族带入高昌的人口过多，引起饥荒，“死者无限”，这说明北凉王族带走了大批敦煌户口，而且这些人正是因为北魏从东向西的进攻而聚集在敦煌的河西精英。可以说，在北凉灭西凉和北魏灭北凉的过程中，敦煌遭受了前所未有的破坏。

就在沮渠无讳撤离敦煌的442年，西凉李暠的孙子李宝乘机占据敦煌，并派其弟李怀达为使入魏归降。北魏封李宝为沙州牧、敦煌公。但北魏很快就在444年把李宝召到平城，直接控制了敦煌，并建立了敦煌镇，作为经营西域的基地和抗击北方柔然汗国的前沿阵地。445年，北魏太武帝派成国公万度归发凉州以西兵，出敦煌，西击鄯善。448年，万度归继续西进，击破焉耆和龟兹，大获驼马而归。与此同时，以蒙古高原为根据地的柔然，帮助高昌的沮渠安周在450年攻灭交河的车师国，统一了吐鲁番盆地，车师王车伊洛率残众，经焉耆，最后入魏。接着，柔然在460年又灭掉沮渠安周的大凉政权，立阚伯周为高昌王。柔然不仅控制了敦煌以西的西域地区，而且直接控制了与敦煌最为接近的吐鲁番盆地。

北凉王沮渠蒙逊“素奉大法，志在弘道”，他在421年再度攻占敦煌时，把在那里从事佛经翻译的中印度人昙无谶带回姑臧，翻译出影响中国佛教义理思想发展的《大般涅槃经》三十六卷。沮渠蒙逊又在凉州（武威）南山中开凿窟寺（即天梯山石窟），立一丈六尺高的石佛像。沮渠牧犍即位前，“为酒泉太守，起浮图于中街，有石像在焉”。

北凉王室建造的以武威为中心的最早佛教石窟模式，被北京大学宿白教授命名为“凉州模式”，并总结了这种模式的

图 31　酒泉出土的北凉小佛塔

几个特征：一是有设置大像的佛殿窟，较多的是方形或长方形平面的塔庙窟；二是主要佛像有释迦、交脚菩萨装的弥勒；三是窟壁主要是画千佛；四为边饰用两方连续式的化生忍冬；五是佛、菩萨的面相浑圆，身躯健壮，形体较大。这种模式，可以在河西地区的早期石窟中看到，也可以在酒泉、敦煌乃至吐鲁番出土的一些小型石塔上看到它的影响（图31）。

随着442年北凉王室成员从敦煌流亡到高昌，河西的大族和高僧也随之而去，“凉州模式”也被带到吐鲁番盆地。在高昌大凉政权首都高昌城内大凉王的王宫东南附近，原本有一座王家供养的佛寺，这是445年秋凉王沮渠安周开始建造的祠寺，到449年建成，前后用了四年时间。在造寺的同时，还树立了《凉王大且渠安周造祠碑》（图32），其中说到“于铄弥勒，妙识渊镜”，“稽式兜率，经始法馆”，表明该祠的主尊像正是弥勒。此祠为长方形，据残存基址，主尊像为交脚菩萨装的弥勒，这两点正是“凉州模式”的典型特征，加之该寺出土的

图 32　吐鲁番出土《凉王大且渠安周造祠碑》

木雕像所表现出的主题和特征，都可以明显地看出凉州佛教对高昌的影响。敦煌在北凉时期没有什么特别的造作，但从敦煌到高昌的河西佛教僧侣，却在那里结出北凉佛教艺术的硕果。

佛教的传播基本上是从西到东“正流”的，但有的时候也“倒流”。

从平城、洛阳到敦煌

472—474年，立国于蒙古高原的柔然汗国连年进攻或骚扰北魏的敦煌，多者兵力达到三万骑。在敦煌镇将尉多侯、乐洛生的率领下，敦煌军民击败了来犯的敌军，保住了敦煌。

此时的柔然，势力最盛。从最近在吐鲁番发掘到的一件《阚氏高昌永康九年、十年（474—475）送使出人、出马条记文书》(图33) 可以看出，当时的柔然汗国伸出自己强大的右臂，不仅把阚氏高昌当成自己的傀儡，并且让焉耆国王前来漠北汗廷称臣纳贡，甚至越过塔克拉玛干沙漠，控制了于阗、子合（今叶城）等塔里木盆地西南沿的绿洲王国，进而影响到北印度的乌苌（Uḍḍyāna）和印度次大陆上的笈多(Gupta) 王国。另外，柔然还和南朝的刘宋之间使节往来，准备联合夹击北魏。

在这种严峻的形势下，北魏不少政府官员建议放弃敦煌，把边界后撤到凉州。给事中韩秀认为，如果放弃敦煌，不仅凉州不能保，恐怕关中也不得安宁。孝文帝坚决支持韩秀的

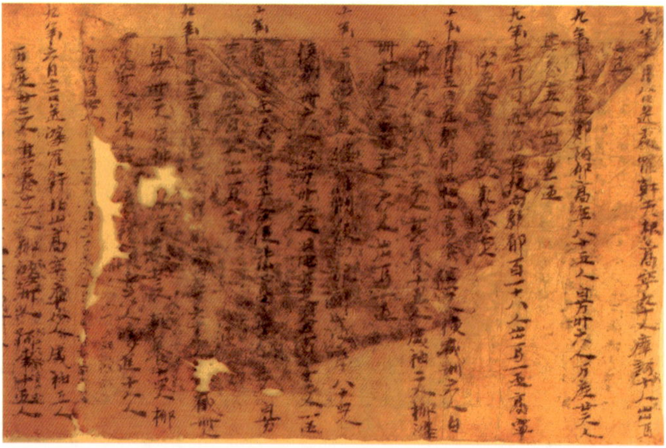

图 33　吐鲁番新出《阚氏高昌永康九年、十年（474—475）送使文书》

看法，提升敦煌镇将为都大将，以加强敦煌的守备力量。485年以前任敦煌镇都大将的穆亮，“政尚宽简，赈恤穷乏”，使敦煌得到恢复。同时，叛离柔然的高车族在高昌西北立国，487年击败柔然。488年，柔然所属的伊吾戍主高羔子投降北魏。同年，高车王阿伏至罗杀阚首归，灭柔然傀儡阚氏高昌，立张孟明为王。492年，北魏出十万大军，击败柔然，使敦煌由此得到安宁。但长年的征战和人口的流失，很难在短期内恢复。518—520年，凉州刺史袁翻说敦煌、酒泉“空虚尤甚”，所以建议加强河西的屯田，可见敦煌当时衰落的情形。

5世纪后半叶以来，敦煌社会动荡不安，佛教却沿着五凉王朝以来的发展势头进一步扩大其影响。特别是北魏王朝对敦煌的直接统治，为敦煌地区带来了中原的佛教文化，这是北魏吸收了凉州佛教以后，经过平城（今大同）到洛阳的发展而形成的更高水平的文化。敦煌藏经洞保存了北魏迁都洛阳前的479年驸马都尉冯熙在洛州写的《杂阿毗昙心经》卷第六，非常精美；莫高窟还发现过北魏广阳王慧安发愿刺绣的佛像残片，都是从都城平城带到敦煌的。

524年，北魏的北方边镇爆发“六镇起义”。八月，孝明帝下诏：“诸州镇军贯，元非犯配者，悉免为民，镇改为州，依旧立称。”敦煌因盛产美瓜而取名“瓜州”(一度易名“义州”)，领敦煌、酒泉、玉门、常乐、会稽五郡，治敦煌。六镇起义也引起河西动荡，为加强对河西西部的统治，525年，北魏以明元帝四世孙元荣出任瓜州刺史，使北魏王室和敦煌佛教的关系进一步密切起来。529年，又封元荣为东阳王。瓜州僻处边陲，没有受到北魏末年中原动乱的太大影响。534、535年，东、西魏分立，河西属于西魏的版图，元荣又作为西魏的瓜州刺史，一直到544年。在元荣统治敦煌的近二十年中，他团结敦煌豪右，使境内保持安定。他还在敦煌做了大量佛教功德，曾出资抄写佛教经典十余部，有数百卷之多(图34)，又在莫高窟开凿一个大型石窟。这些行事反映了敦煌经济文化的恢复和发展，佛教也随之进展，佛教石窟营造的规模也日益扩大。

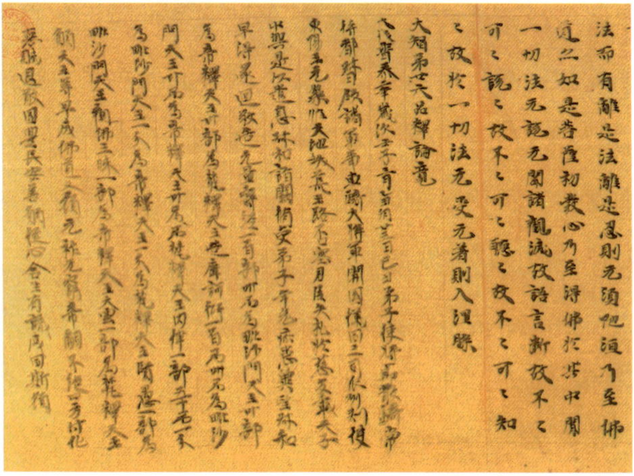

图 34　敦煌写本 P.2143 普泰二年(532 年)东阳王元荣造《大智度论》

元荣卒，其子元康继任瓜州刺史，但元荣的女婿邓彦（又作季彦）杀康，自立为刺史，西魏不得已而承认。545年，西魏河西大使申徽至敦煌，在大族令狐整等人的协助下，擒获邓彦，送京师治罪。546年，申徽被任命为瓜州刺史。申徽为政勤俭，百姓得以安居乐业。

557年，宇文觉废西魏，立北周，与550年高洋废东魏所立的北齐对垒。大约565—576年任瓜州刺史的建平公于义，继续元荣在敦煌莫高窟的开窟造像活动，也在莫高窟开凿了一个大窟，武周碑中因称“建平、东阳弘其迹”。这些王公贵族的作法，给当地各阶层的民众作了榜样，上行下效，不久就在莫高窟掀起了一个造窟热潮。574年，北周武帝曾下诏灭佛，但对瓜州的影响似乎不大。

隋唐的佛教都市与东西交通

577年北周灭北齐，581年杨坚废周建立隋朝，是为隋文帝。589年，隋灭陈，统一中国，为敦煌的兴盛打下了基础。601年，隋文帝令天下各州建舍利塔，供养佛舍利，瓜州也在莫高窟的崇教寺起塔供养。敦煌出土过一些隋朝皇室成员的写经，表明隋朝对敦煌的控制和影响已经日渐增强。但由于南北朝时期敦煌的衰落，虽经北朝末年东阳王、建平公等人的经营，至隋朝尚不能与河西其他州相比，所以隋炀帝让裴矩经营西域的主要基地是在张掖。

隋炀帝时，黄门侍郎裴矩往来于张掖、敦煌之间，通过西域商胡，联络各国首领。《隋书·裴矩传》保存的裴矩撰《西域图记序》，记载了当时的丝绸之路走向：从敦煌出发，直到西海（地中海），有三条路。北道从伊吾（哈密）越过天山，沿草原之路西行，经过铁勒、突厥等游牧民族地区，一直到达东罗马；中道从高昌(吐鲁番）西行，经焉耆、龟兹、疏勒，翻过葱岭，经瓦罕山谷，进入粟特地区，再到波斯，最后到达地中海沿岸；南道从鄯善到于阗、朱俱波（叶城）、喝槃陀（塔什库尔干），逾过葱岭，经瓦罕山谷，过吐火罗地区（阿富汗），进入印度。三条道路，分别以伊吾、高昌、鄯善为门户，但“总凑敦煌，是其咽喉之地”。这使我们了解到当时丝绸之路通向东罗马、波斯、印度的情况，也清楚地说明了敦煌在隋唐时期中西文化交往中的重要地位。

隋朝统一南北，中国又开始走向两汉以来的全盛时期。不论是隋文帝还是隋炀帝，都十分佞佛。在统治阶级崇佛浪潮推动下，敦煌各阶层民众在短短的三十多年中，仅在莫高窟一处，就开凿了七八十个洞窟，造成一个兴建石窟的高潮。

可惜隋炀帝的暴政引起全国的反抗，使隋朝成为一个短命的朝代。617年，李轨在武威举兵，自称凉王，控制河西。李唐在长安立足后，利用凉州粟特安氏的势力，于619年从内部搞垮了李轨政权，把河西纳入自己的版图。

唐初，敦煌地区并不稳定。620年，瓜州刺史贺拔行威举兵反唐。622年，瓜州土豪王干斩贺拔行威降唐。唐改瓜州为西沙州，治敦煌，而在常乐县置瓜州。623年，当地人张护、李通叛唐，拥立别驾窦伏明为主，被唐瓜州长史赵孝伦击败，窦伏明降唐。至此，敦煌地区的动乱基本平息。但敦煌以西、以北地区，都是取代柔然而控制漠北和西域的突厥汗国的势力范围，以南则是吐谷浑的地盘，所以武德末、贞观初，唐朝关闭西北关津，“禁约百姓，不许出蕃”。玄奘在627年西行求法，是从瓜州、敦煌间偷渡出去的，没有经过敦煌州城。

630年，唐朝出兵漠北，消灭了东突厥汗国，东突厥所控制的伊吾，也在首领石万年的率领下归降唐朝，立为伊州。633年，敦煌正式名为沙州。635年，唐朝又出兵青海，击败吐谷浑，使河西走廊不再受外部的干扰，步入稳步发展的轨道。640年，唐太宗以吐鲁番的高昌王国阻隔经焉耆、高昌到敦煌的丝路为由，出兵高昌，灭掉持续存在了139年的麹氏高昌王国，在高昌设西州，在天山北的北庭（今新疆吉木萨尔北）设庭州，行政建置均与内地州县相同，又在西州交河县设安西都护府，以控制西域。这是唐朝进军西域的重要一步，据记载唐灭高昌事的《大唐左屯卫将军姜行本纪功碑》，率领骁雄鼓行而前的诸将领中，第一位就是“沙州刺史上柱国望都县开国侯刘德敏”，而碑文的作者则是“瓜州司法参军河内司马太真”，表明敦煌、常乐的文武官员和士兵参加了这次重要的战役，敦煌又一次成为中原王朝进军西域的物资和兵员供应基地。

由于唐太宗的去世，651年西突厥阿史那贺鲁举兵反叛，唐朝进军西域的步伐暂时受阻。经过反复争夺，唐朝最终在657年打败阿史那贺鲁，西域的宗主权从西突厥的手中转移到唐朝手中。658年，唐朝迁安西都护府于龟兹，并设立龟兹、于阗、焉耆、疏勒四镇，镇守西域广大地区。自662年始，青藏高原吐蕃王国的军队进入西域，与西突厥余部联合，和唐朝争夺西域的控制权。670年，吐蕃攻占西域十八州，唐朝一度罢安西四镇。不久，唐朝陆续收复失地，到675年，四镇基本恢复。为了加强西域的镇防能力，特别是针对南面吐蕃的威胁，唐朝在675—676年，把丝路南道上的两个重镇——典合城和且末城，改称石城镇和播仙镇，并划归沙州直接管辖。这样做的目的是加强南道的军事镇守能力，同时也标志着敦煌实力的上升，以及敦煌在唐朝经营西域方面所发挥的重要作用。编订于此后不久的《沙州图经》卷五，即有关于石城镇和播仙镇的详细记录，反映了沙州对两镇的控制实况。

此后，唐朝和吐蕃在西域反复争夺，四镇两度易手。679年唐朝曾以碎叶代焉耆，最后在692年，王孝杰率军收复四镇，并发汉兵三万人镇守，大大增强了唐朝在西域的战斗力。从此以后，直到8世纪末的一百年间，安西四镇的建制没有再动摇，西域基本在唐朝统治之下。

在唐朝用兵西域和镇守西域的过程中，不少沙州将士奔赴前线。《沙州都督府图经》卷三“张芝墨池”条，记有714年任“游击将军、守右玉钤卫西州蒲昌府折冲都尉、摄本卫中郎将、充于阗镇守使、敦煌郡开国公”的张怀福，就是任职西州蒲昌府而镇守于阗镇的敦煌人。据敦煌写本P.2625《敦煌名族志》，任职西域的敦煌人还有“游击将军上柱国西州岸头府果毅都尉张端”“正议大夫北庭副大都护瀚海军使兼营田支度等使上柱国”阴嗣监、“昭武校尉庭州咸水镇将上柱国”阴嗣宗、“壮武将军行西州岸头府折冲兼充豆卢军副使”阴守忠等。沙州和西州同属唐朝经营西域的基地，两地之间的官员迁转十分频繁，与上述敦煌人任职西州相反，也有一些高昌人任职沙州，如阿斯塔那239号墓所出《唐西州高昌县成默仁诵经功德疏》记：“西州高昌县安西乡成默仁，前任别敕授焉耆都督府录事。去景龙四年（710年）二月廿七日，制改授沙州寿昌县令。”正是因为两地官员的任职关系，所以我们在敦煌文书中常常发现有原本是吐鲁番的文书，而吐鲁番墓葬中也出土有不少敦煌文书。

随着唐朝的府兵制向募兵制的转化，武周时在沙州设立了豆卢军。711年，唐朝分陇右道，设河西道，并置河西节度使，治凉州，统辖河西地区的军政。742年，河西节度使有兵7.3万人，战马19400匹，兵力居全国第三，而战马则为全国总数的四分之一。

唐朝前期的敦煌，在全国统一，国力蒸蒸日上的大环境下，也得到了充分发展。沙州在严格的律令制管理体制下，井然有序，生产得以稳步发展，粮食产量不断增长，商品经济也走向繁荣。在敦煌的市场上，有中原来的丝绸、瓷器，有西域的玉石、珍宝，有北方的驼马、毛织品，也有当地出产的五谷。《资治通鉴》卷二一六说，天宝年间，“自〔长安〕开远门西尽唐境万二千里，闾阎相望，桑麻翳野，天下称富庶者无如陇右”。这里的陇右，是包括敦煌在内的。天宝时(742—755年)，沙州有6395户，32234人，达到了前秦以来的又一个高峰。

进入唐代，民族的进一步融合，疆域的更广阔开拓，政治制度与思想文化的整合，使得唐王朝凝聚了极大的力量。生产发展，商业繁荣，文化昌盛，唐王朝以博大的胸怀，大量接受外来文化，使之融汇到中国文化的整体当中。从唐太宗到武则天，唐朝的势力不仅直接牢固控制了塔里木盆地的西域诸王国，而且成为天山以北、葱岭以西广大区域内各个王国的宗主国，中西往来更加畅通无阻，当时的文化交流也呈现出令人眼花缭乱的景象。西方的珍禽异兽、珠宝香料、玻璃器皿、金银货币纷纷传来；中亚、西亚的穿着、饮食等生活方式，音乐、舞蹈等文化娱乐活动都源源进入中原；佛教进一步盛行的同时，祆教、摩尼教、景教以及新兴的伊斯兰教都在此时正式传入中国内地。唐朝的两京长安和洛阳，以及丝绸之路上的一些城市，如凉州、敦煌，都纷纷呈现出国际都市的风貌。在吸收外来文化的同时，借助唐朝强大的政治力量，中原文明也传入西方，深浅不等地影响了西方各国。

经济的发展和丝绸之路的畅通，也丰富了敦煌文化的内容。沙州城内有州、县两级学校，教授唐朝规定的儒家经典。大量的宫廷写经从长安输送过来，给这座佛教圣城进一步灌注了汉地佛教的影响。武周、中宗到玄宗时敕建的大云寺、龙兴寺、开元寺，并立于敦煌。因为李唐王室奉老子为先祖，唐玄宗更是大力弘扬道教，敦煌也建立了供奉老子的紫极宫和神泉观等道观，教授弟子，传写经书（图35）。经过唐朝一百多年的统治经营，这种汉文化更加根深蒂固。

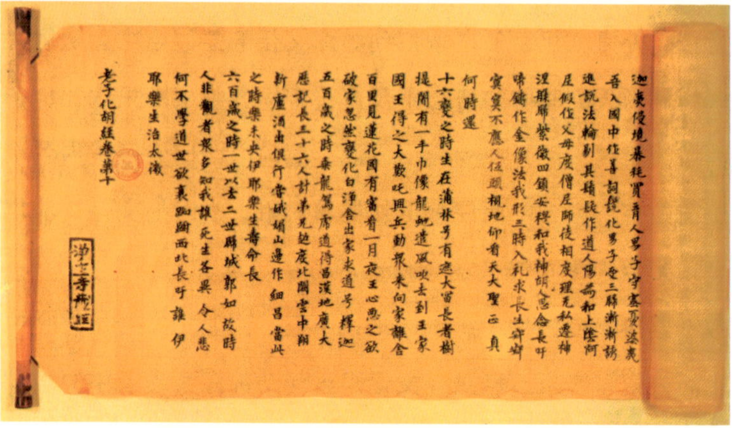
老子化胡經卷第十

图 35　敦煌写本《老子化胡经》

在生产发展，商业繁荣、文化昌盛的形势下，敦煌莫高窟也在持续不断地修建，一些大家族争先恐后地开凿“家窟”，如翟氏、李氏、阴氏，其中翟家窟（第220窟）是唐太宗贞观十六年(642年）凿成的，这正是唐平高昌之后第三年，国威远扬西土的时候。敦煌当地的文武官员，仍然是敦煌石窟的重要供养人，如沙州刺史李光庭，就曾在莫高窟开窟造像，并立有《莫高窟灵岩佛窟之碑》。到极力崇佛的武则天执政时期，莫高窟已经是号称有一千多所窟龛的雄伟石窟了，而且建立了模仿武则天形象的弥勒像（第96窟北大像）。《武周李君莫高窟佛龛碑》称颂道:“升其栏槛，疑绝累于人间；窥其宫阙，似神游乎天上。岂异夫龙王散馥，化作金台；梵王飞花，变成云盖。”真仿佛是佛国仙境。

在唐朝，敦煌不仅留下了精神文化交流的遗迹，也同样有技术和物质文化交流的佳例。唐太宗曾派人到摩揭陀国，学习印度的熬糖法。敦煌写本P.3303，是关于五天竺制糖法抄本（图36)，虽然文字不多，但却涉及有关制糖法的许多方面，表明敦煌人对异域技术的追求。敦煌既是商人东西往来的通路，因此，大量西方的舶来品和中原的特产也都经此地运输，也一定会有不少精美的物质文化产品留在敦煌，其中不少作为供养品进入佛教寺庙和石窟当中。我们目前没有看到唐朝时期的寺院财产账，但吐蕃和归义军时期寺院账目中

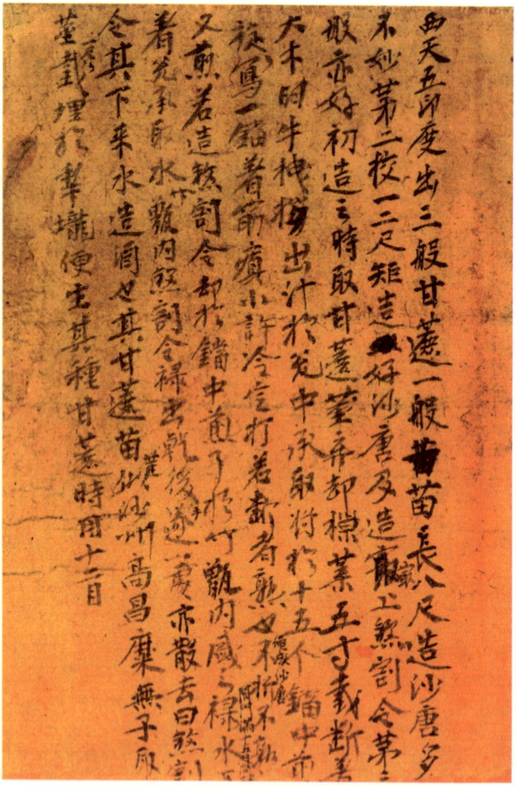

图 36　敦煌写本五印度用甘蔗造砂糖法

登记有许多西方来的物品，如高档织物、刺绣（图37）、金银器、宝石、香料、珍稀药材等，其中有些东西应当是从唐朝时期传承下来的，它们反映了丝绸之路带给敦煌异彩纷呈的物质文化。

图 37　敦煌藏经洞发现的刺绣佛像

粟特商胡与敦煌的胡人聚落

从粟特文古信札谈起

除了印度佛教之外，伊朗文化系统的琐罗亚斯德教（Zoroastrianism，中国称“祆教”），也流入敦煌。魏晋以来敦煌汉文化的发展，为各种外来文化的传播打下了基础；丝绸之路的畅通，则为敦煌带来了丰富多彩的外来文明。

1907年，斯坦因（Aurel Stein）在敦煌西北的一座长城烽燧（编号T.XII.a）下，发现了一个邮袋，里面装着八封用中亚粟特民族的文字所写的粟特文信件，其中五封相对完整，其余的则残破不全，学界称之为“粟特文古信札”（Sogdian Ancient Letters，图38）。根据一百年来学者们的解读和研究，其中1号、2号、3号、5号古信札已经得以通读，而完整的译文也就是在最近若干年才发表出来。这些信是从姑臧（武威）、金城（兰州）和敦煌发送出来的，是这些地方的粟特商人写给家乡萨马尔干（Samarkand，在今乌兹别克斯坦）贵人以及楼兰等西域地区的其他粟特商人的书信，不知什么原因，邮包失落，埋藏在敦煌长城脚下。从这些信中可以了解到，

图 38　粟特文古信札

这个以姑臧为大本营的粟特商团，活动范围东到洛阳、邺城，西到萨马尔干，他们长途贩卖、经营的商品有黄金、麝香、胡椒、樟脑、麻织物、小麦等粮食作物，当然还有中国丝绸。这组书信写于西晋末年（312年前后），它们真切地反映了当时丝绸之路上的商品交易活动。

尽管目前的翻译还没有达到完全令人满意的程度，也还有一些残片没有解读出来，但粟特文专家提供给我们的译文和解说，有助于我们理解4世纪初叶来到敦煌的粟特商人的状况。这些信札有两封是从敦煌寄出的，说明敦煌和姑臧都是粟特商人在河西走廊的聚居地。第2号信札说到某地有萨马尔干来的贵人（自由民）一百人，可惜地名有残，是否就是恒宁（W.B.Henning）所读的“敦煌”，尚难以确认。但可以肯定的是，这些粟特人是由“萨保”(*s'rtp'w*)统领的，即他们有自己的“队商首领”(“萨保”一词的本义)。而且，祆教的神职人员“祠主”(*βγnpt*）的存在，表明自那时起，敦煌就有由粟特人建立的祆祠。古信札表明波斯的琐罗亚斯德教早在4世纪初叶就由粟特商人传入敦煌。此外，*'yps'r*和*β'nkr'm*两个职称的出现，表明这个粟特聚落具有很强的自治性。事实上，从已经确定的粟特文古信札的内容来看，早在4世纪初叶，敦煌就有了以粟特商人为主体的自治聚落，而且伴随有祆教祠舍。这些粟特商胡东到洛阳、邺城，西到家乡，与仓慈治理敦煌时商胡的活动范围正好大体相同。

那么，这些粟特人又是一个什么样的民族呢？

粟特人，在中国史籍中又被称为昭武九姓、九姓胡、杂种胡、粟特胡等等。从人种上来说，他们是属于伊朗系统的中亚古族；从语言上来说，他们是操印欧语系伊朗语族中的东伊朗语的一支，即粟特语，文字则使用阿拉美文的一种变体，现通称粟特文。粟特人的本土位于中亚阿姆河和锡尔河之间的泽拉夫珊河流域，即西方古典文献所说的粟特地区(Sogdiana，音译作“索格底亚那”)，其主要范围在今乌兹别克斯坦，还有部分在塔吉克斯坦和吉尔吉斯斯坦。在粟特地区的大大小小的绿洲上，分布着一个个大小不同的城邦国家，其中以萨马尔干为中心的康国最大，它常常是粟特各城邦国家的代表。此外，以布哈拉(Bukhara) 为中心的安国，也是相对较大的粟特王国。还有，位于苏对沙那(Sutrushana/Ushrusana) 的东曹国，劫布呾那 (Kaputana) 的曹国，瑟底痕 (Ishitikhan) 的西曹国，弭秣贺(Maymurgh) 的米国，屈霜你迦 (Kushanika) 的何国，羯霜那 (Kashana) 的史国，赭时 (Chach) 的石国等等，不同时期，或有分合，中国史籍称他们为“昭武九姓”，其实有时候不止九个国家。历史上的粟特人从未形成一个统一的帝国，因此长期受其周边强大的外族势力控制，先后臣属于波斯的阿契美尼德王朝、希腊的亚历山大帝国、塞琉古王朝、康居国、大月氏部、贵霜帝国、𠿫哒国等。粟特人在各异族统治下，非但没有灭绝，反而更增强了自己的应变能力，不仅保存了独立的王统世系，而且成为中古时代控制陆上丝绸之路的一个独具特色的商业民族。

在3至8世纪，也就是大体上相当于中国的汉唐之间，由于商业利益的驱使，以及粟特地区的动乱和战争等原因，粟特人沿传统意义上的陆上丝绸之路大批东行，经商贸易，有许多人就此移居中国，一去不复返。

商队与萨保

粟特人东来贩易，往往是以商队（caravan）的形式，由商队首领（caravan-leader）率领，结伙而行，他们少者数十人，多者数百人，并且拥有武装以自保。我们在敦煌莫高窟第420窟窟顶东披上部的隋代绘制的一幅《观世音菩萨普门品》(图39) 中，就可以看到这样的商队在丝绸之路上行进的情形，虽然画家绘制的是产生于印度的佛经故事，但人物形象却是以敦煌画家常见的中亚粟特商队为原型的。

粟特商人在丝绸之路上的一些便于贸易和居住的地点留居下来，建立自己的殖民聚落，一部分人留下来，另一部分人继续东行，去开拓新的经商地点，建立新的聚落。久而久之，这些粟特聚落由少到多，由弱变强，少的几十人，多者达数百人。在中原农耕地区，被称为“聚落”；在草原游牧地区，则形成自己的“部落”。因为粟特商队在行进中也吸纳许多其他的中亚民族，如吐火罗人、西域（塔克拉玛干周边绿洲王国）人、突厥人加入其中，因此不论是粟特商队还是粟

图 39　莫高窟 420 窟隋代《观世音菩萨普门品》中的商队

特聚落中，都有多少不等的粟特系统之外的西方或北方的部众，所以，我们把粟特聚落有时也称为胡人聚落，可能更符合一些地方的聚落实际的种族构成情况。

这种有组织的粟特商队的首领，粟特文叫作*s'rtp'w*，汉文音译做“萨保”“萨甫”“萨宝”等，意译就是“商队首领”。萨保的粟特文原语，是日本粟特文专家吉田丰教授从粟特文古信札的第5号信札中找到的，最近，这一比定得到了西安新发现的史君墓粟特文和汉文双语对照书写的铭文的确证（图40）。结合汉文文献中大量的有关萨保的记载，我们知道萨保不仅是粟特商队行进中的领袖，而且也是粟特人建立的胡人聚落的统治者，由于大多数早期东来的粟特人信奉的是粟特

传统的琐罗亚斯德教（袄教、拜火教），所以聚落中往往立有祆祠，萨保也就成为粟特聚落中的政教大首领。

北朝、隋、唐时期的中央和地方政府为了控制这些胡人聚落，把萨保纳入中国传统的官僚体制当中，以萨保为一级职官，作为视流外官，专门授予胡人首领，并设立萨保府，其中设有萨宝府袄正、萨宝府袄祝、萨宝府长史、萨宝府果毅、萨宝府率、萨宝府史等官吏，来控制胡人聚落，管理聚落行政和宗教事务。从史籍和墓志辑录的材料来看，从北魏开始，中原王朝就在都城洛阳设京师萨保，而在各地设州一级的萨保。我们见到有雍州、凉州、甘州等地萨保的称号。以后西魏北周、东魏北齐都继承了此制度。北齐有京邑萨甫、诸州

图 40　西安发现的史君墓汉语粟特语双语铭文

萨甫。北周有京师萨保，墓志材料还有凉州、酒泉、同州、并州、代州、介州等州一级的萨保，如新发现的史君墓主人是凉州萨保，安伽是同州萨保，还有中央政府派出的检校萨保府的官员，即虞弘。隋代有雍州（京师）萨保和诸州萨保。

在梵文佛典中，也有一个意为“商队首领”的词sārthavāha，音译作“萨薄”，意译作“商主”“大商主”“导首”“导师”“众之导师”，或“贾客”“商人”，基本上都是出现在本生故事当中，其基本形象是富有的商人置办船具，然后率众商人入海寻宝，或从事买卖贸易，在遇到各种危险时，萨薄救助众生，有时甚至献出自家性命。这个救助众生的商主不是别人，实际就是佛的前身。“萨保”和“萨薄”虽然有某些共同的含义，但两者不能等同，在汉文史料中，无论是在北朝、隋唐实际担任萨保或萨保府官职的个人，抑或唐人墓志中所记载的曾任萨保的其曾祖、祖、父，基本上都是来自昭武九姓的粟特人。

敦煌石窟壁画中，也有不少依据佛经绘制的萨薄及其所率领的商人的形象。比如《法华经变》中的《观世音菩萨普门品》所叙述的故事中，就有萨薄出现，正如莫高窟第45窟画面正中的榜题所云："若三千大千国土，满中怨贼，有一商主（即萨薄），将诸商人赍持重宝，经过险路，其中一人做是唱言：诸善男子，勿得恐怖，汝等应当一心称观世音菩萨名号，是菩萨能以无畏施于众生，汝等若称名者，于此怨贼当得解脱。众商人闻，俱发声言：南无观世音菩萨，称〔其名故〕，即得解脱。"画面是山间一伙强盗执刀截住一群商胡，商人把一些货物卸在地上，向强盗求饶。这些商胡都深目高鼻、卷发浓髯。站在最前面的队商首领头戴高顶毡帽，身着绿色长衫，看上去年纪较大，可能就是佛经中的商主形象。其身后的商胡，有的头戴毡帽，有的不戴帽子，有的以长巾缠头，多穿圆领长衫，最后穿红袍的商人，牵引着两头满驮货物的毛驴。商人神色慌张，双手合十，祈求观音救助。这就是人们常常提到的"胡商遇盗图"(图41)。有趣的是，这些商人的深目、高鼻、卷发、浓髯等特征，让我们确信这里所绘的不是佛经所说的印度商人，而是敦煌人常常见到的粟特商人形象。我们在龟兹地区的石窟中看到的萨薄和商人的情形也是一样（图42)。可以说，在丝路重镇敦煌的画家笔下，受现实因素的影响，佛经中的印度萨薄已转换成粟特萨保了。

图 41　莫高窟 45 窟“胡商遇盗图”

图 42　克孜尔石窟壁画中的萨薄商主

唐朝初年前往印度取经的僧人玄奘在路过粟特地区时，看到这里的人“虽富巨万，服食粗弊”。可是，我们从北周的同州萨保安伽墓的图像所见到的入华粟特商人首领的生活情景，和玄奘的讲述完全不同。他们生活极其奢华，大量使用金银器皿，吃着鲜美的水果和肉类，喝着葡萄美酒，怡然自得地生活在丝绸之路上的聚落中。他们虽然远离家乡，但有金樽美酒做伴，在异国他乡，享受着商业贸易带来的物质财富，有许多人就再也不想返回故土了。

胡人聚落

从十六国到北朝时期，这样的胡人聚落在塔里木盆地、河西走廊、中原北方、蒙古高原等地区都有存在，散布十分广泛。通过学者们多年来对粟特文古信札、敦煌吐鲁番发现的汉文和粟特文文书、中原各地出土的汉文墓志材料的爬梳整理，我们已经可以清晰地勾勒出一条粟特人东行所走的丝绸之路。这条道路从西域北道的据史德（今新疆巴楚东）、龟兹（库车）、焉耆、高昌（吐鲁番）、伊州（哈密），或是从南道的于阗、且末、石城镇(鄯善)，进入河西走廊，经敦煌、酒泉、张掖、武威，再东南经原州（固原），入长安（西安）、洛阳，或东北向灵州（灵武西南）、并州（太原）、云州（大同东）乃至幽州（北京）、营州（朝阳），或者从洛阳经卫州(汲县)、相州(安阳)、魏州（大名北）、邢州（邢台）、定州(定县)、幽州（北京）可以到营州。在这条道路上的各个主要城镇，几乎都留下了粟特人的足迹，有的甚至形成了聚落。

因为敦煌藏经洞保存下来丰富的唐朝官私文书，使我们对这里的粟特聚落有比较清楚的了解。在唐朝沙州范围内，一些较大的城镇都有胡人聚落，包括敦煌县城以及归属沙州的石城镇（鄯善）和播仙镇（且末）。

敦煌写本《沙州伊州地志》(S.367）对石城镇的粟特聚落有详细的记载：

石城镇，本汉楼兰国。隋置鄯善镇，隋乱，其城遂废。贞观中（627—649年），康国大首领康艳典东来，居此城，胡人随之，因成聚落，亦曰典合城。上元二年（675年）改为石城镇，隶沙州。

屯城，西去石城镇一百八十里。胡以西有鄯善大城，遂为小鄯善，今屯城也。

新城，东去石城镇二百卌里。康艳典之居鄯善，先修此城，因名新城，汉为弩之城。

蒲桃城，南去石城镇四里。康艳典所筑，种蒲桃于此城中，因号蒲桃城。

萨毗城，西北去石城镇四百八十里。康艳典所筑。其城近萨毗泽。

石城镇一带是一个典型的粟特聚落。粟特人在家乡以城居为主，在随康艳典移民鄯善后，或者因旧有城址而居（如石城镇、屯城),或者重新筑城（如新城、蒲桃城、萨毗城)。萨毗因近萨毗泽而得名。新城又名弩之城或弩支城,“弩之”即粟特文nwc（意为“新”）的音译，其为筑城的粟特人所起无疑。蒲桃城是善于种植葡萄的粟特人命名的。我们现在之所以把粟特人的这种移民住地叫作“聚落”，主要就是根据敦煌文书这里的记载。

至于敦煌本地的粟特聚落，从粟特文古信札的内容来看，早在4世纪初叶，这里应当就有了以粟特商人为主体的自治聚落，而且伴随有祆教祠舍。经过十六国、南北朝的漫长岁月，这些粟特人可能早已入籍为当地百姓了。敦煌文书《西魏大统十三年（547年）瓜州计帐》(S.613）中，有祖籍中亚曹国的粟特人曹匹智拔、曹乌地拔，从他们与汉人一并受田交租来看，显然是已经入籍的粟特人。

日本东京大学池田温教授利用各种敦煌文书，详细研究了唐朝时期的敦煌的粟特人移民聚落。这个聚落位于敦煌城东五百米处，地名“安城”，聚落大致是7世纪初形成的，入唐以后，这个聚落被地方政府编组为沙州敦煌县十三乡之一的从化乡，下有三个里，750年时有300户，1400人，其中大部分居民是来自康、安、石、曹、罗、何、米、贺、史等姓的昭武九姓粟特人。安城恰好就是《沙州图经》所记敦煌城东一里的祆舍所在地（图43），为粟特民众精神信仰的中心。同时，汉地系统的佛教也在粟特人中流行，敦煌藏经洞中就保存有一批从汉语佛典翻译过来的粟特语佛典，其中不仅有正统的佛经，也有汉人编纂的伪经和禅籍（图44）。8世纪初期，聚落成员主要从事商业活动，唐地方政府对他们的统治不如对汉人严格。居民也有贫有富，由于和汉人通婚并定居农耕，几代以后，逐渐汉化。8世纪中叶，由于中亚地区唐朝与大食斗争激化，加之“安史之乱”和吐蕃入侵，聚落突然离散，从化乡居民渐渐减少，一些人成为佛寺的农奴。到了8世纪末，除了留下祆祠外，聚落完全消失。

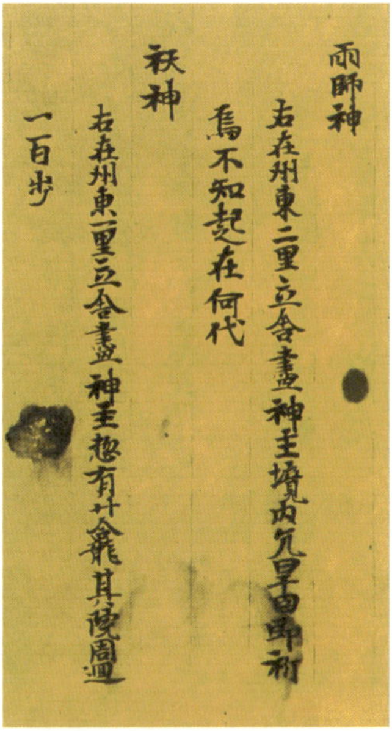
雨師神
右在州東二里立舍畫神主境內亢旱因即祈
焉不知起在何代
祆神
右在州東一里立舍畫神主總有廿龕其院周迴
一百步

图43　《沙州图经》所记祆舍

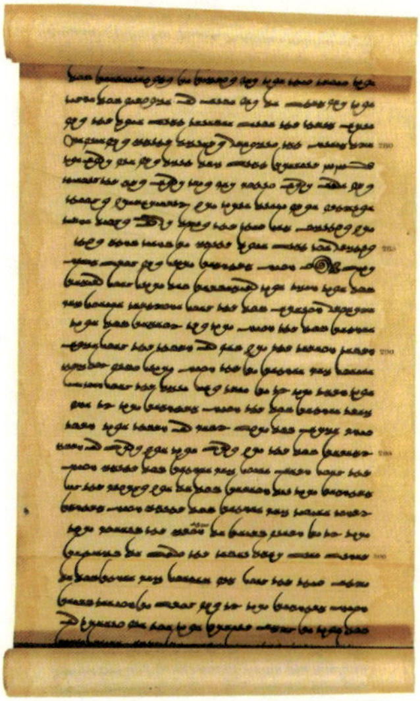

图44　译自汉文的粟特文伪经

正是因为敦煌很早就是粟特人的聚居地，所以，唐朝时期一些落籍内地的粟特移民就把敦煌作为他们的郡望。比如邺城出土的《康哲墓志》称:“君讳哲，字慧哲，其敦煌郡人也。”西安出土的《曹惠琳墓志》云:“公讳惠琳，本望敦煌康氏也。未龆龀，舅氏赠绵州刺史元裕见而奇之，毓为后嗣，礼均天属，遂称曹氏焉。”惠琳原本是敦煌的康氏粟特人，后来被过继给舅舅曹元裕，于是就改姓曹了，从粟特早期在聚落中都是同种通婚的惯例，曹元裕也应当是出身曹国的粟特人。

从整个中国来看，北朝后期，胡人聚落就开始向乡里转化，胡人聚落中的武装力量也逐渐转化成地方武装，如乡团、府兵等，一些胡人首领也转化成地方政府或军队的官员。唐朝建立后，把正式州县中的胡人聚落改作乡里，如敦煌的从化乡，西州的崇化乡安乐里，两京地区城镇中的胡人同样不会以聚落形式存在，这更加快了粟特人的转化，许多胡人首领入仕而成为唐朝中央和地方的各级将领，还有的成为宫廷侍卫（图45）和译语人（翻译）。但是，在边境地区如六胡州、营州柳城等地，胡人聚落应当继续存在，或者转化成乡里也要晚一些。

天宝八载（749年）立于恒山的《大唐博陵郡北岳恒山封安天王之铭》，称安禄山的郡望是瓜州常乐，表明安禄山的先人可能就是世居瓜、沙的胡人。天宝年间，安禄山受到唐玄

图 45　唐墓壁画中的胡人侍卫

宗的信任，曾经是唐朝控制东北局面的三镇节度，后来势力膨胀，发动了对唐朝的叛乱。安禄山是一个粟特人，他是使唐朝由盛转衰的关键政治人物，是个叛乱分子，今天的瓜州（安西）人一定不愿意认他为同乡。但安禄山的例子，说明了粟特人的商业本性，就是他们在聚落之间的流动性，他们可以从西北转移到东北，成为不同胡人聚落中的一员。

袄神与袄祠

随着粟特人的东渐，粟特人所信奉的祆教也传入敦煌。祆教又称火祆教、拜火教，即中国古代对波斯古代宗教琐罗亚斯德教的习惯称呼。根据上述敦煌发现的粟特文古信札的内容，这种在波斯被立为国教，而且在中亚广阔地域内有着极大影响的宗教，早在4世纪初叶就传入敦煌，进而传入中原内地。但这种宗教入华后，主要在胡人中流行，而且祆教传教士也不翻译经典，所以没有留下汉文的经典。因此我们对它的传播情形的了解，远不如对佛教的了解，甚至也不如较之更晚进入中国的摩尼教。

由于祆教大概是在胡人聚落中流行，所以我们现在从汉文史料中很难看到确切的有关祆教的记录。但是，我们可以换个角度，去看看考古发现的资料，也可以得到一些线索。根据对考古、钱币和敦煌吐鲁番文书的研究，我们知道随着4世纪初叶以后粟特商人控制了沿丝绸之路的贸易后，他们所使用的萨珊波斯银币取代了其他各种货币，成为丝绸之路上最重要的等价物。《隋书·食货志》记载魏晋南北朝时期的情况："河西诸郡，或用西域金银之钱，而官不禁。"学者们一般都认同，这里所说的金钱是指东罗马（拜占庭）金币，而银钱就是萨珊银币。从目前考古已经发现的资料看，东罗马金币尚不能说是一种流通的货币，而萨珊银币则一定进入了流通领域。从20世纪初叶以来，越来越多的萨珊波斯帝国制造的银币在中国境内的丝绸之路沿线被发现，新疆乌恰的山间、吐鲁番盆地的高昌城内、敦煌莫高窟北区、青海西宁的窖藏、固原南郊的胡人墓地、河北定县的塔基等等，都有出土。敦煌佛经题记表明，北魏王室派到敦煌的统治者元荣，就用银币大量施舍。玄奘在河西重镇凉州（武威）为道俗讲经，"散会之日，珍施丰厚，金钱、银钱、口马（奴隶和牲口）无数，法师受一半然（燃）灯，余外并施诸寺"。到7世纪末8世纪初，随着萨珊波斯的灭亡、粟特本土逐渐被阿拉伯人占领，以及唐朝势力进入西域地区，粟特原有的贸易网络逐渐无法维持，萨珊银币也渐次退出历史舞台，丝绸之路的东部开始流行唐朝的铜钱和布帛，西方则用阿拉伯仿制的阿拉伯－萨珊银币或阿拉伯金币。

为什么要大讲特讲萨珊银币呢？我们先来看一看这种钱币铸造的基本模式：正面为发行该货币的国王头像，头冠上有三个雉形饰物，象征祆教最高神阿胡拉·马兹达（Ahura

Mazda)；背面中间为拜火祭坛，两边各立一个祭司或其他神职人员，火坛上方的火焰之上，有阿胡拉·马兹达的侧面像。(图46) 萨珊银币上清楚的拜火教图像，必然引起当地人的兴趣，并由此了解祆教的基本说教。从吐鲁番的情形来看，有些钱币还被用作佛寺的供品。

图 46　萨珊银币上的祆教图像

到了唐朝，文献记载开始多了起来。《沙州图经》卷三记敦煌县有“四所杂神”，其中之一条是：“祆神：右在州东一里，立舍，画祆主，总有廿龛。其院周回一百步。”这就是我们上面提到过的、立于粟特人聚落所在的安城的祆教庙宇，其中画有祆神图像，总共有二十多龛。关于这个祆神，敦煌写本《敦煌廿咏》(P.2748) 中特别有《安城祆咏》，诗中唱道：

板筑安城日，神祠与此兴。一州祈景祚，万类仰休征。

苹藻来（采）无乏，精灵若有凭。更看雩祭处，朝夕酒如绳（渑）。

由此可见，在8世纪的敦煌，祆教信仰已经与唐朝礼仪相结合，祆神成为祈雨的对象。值得注意的是，诗歌中说到祈雨时要倾倒酒液，这一点在甘肃天水发现的一座粟特系统的石棺床屏风图像上得到了印证，其中有一幅图像所描绘的很可能就是倒酒祈雨的情形：台上有三人注视着台侧的两个兽头，兽口中流淌着酒液，下面有两个大酒瓮正在盛接，大瓮中间有一人，左手执一小瓶，正从瓮中往瓶中装酒，另有一人双手抱瓶，边走边闻酒香，下面一人跪坐在地，左手捧碗酣饮，身边有一罐酒。另外，在山西太原发现的隋虞弘墓石椁的一幅图像上（图47），描绘三个胡人正在一个高台上跳舞，台下两个胡人双手抱着酒瓶，正如同天水图像上的样子，这幅图像可能表现的也是祆教赛神的情况。虞弘也是胡人，只是他所出身的鱼国目前还不清楚在什么地方，他在北周末曾任检校萨保府的官员，所以肯定与粟特人有关，其墓葬的图像也应属于粟特系统。

在莫高窟藏经洞出土的佛教绢纸绘画中，姜伯勤教授独具慧眼，发现了一幅原本应当是祆教的图像（图48）。图上绘两尊女神相向而坐。左边的女神坐于莲瓣上的方座上，右手持碗，左手端盘，盘上蹲一犬。右侧女神坐于一犬背上，四

图 47　虞弘墓石椁上的用葡萄酒赛神图

只手臂各持日、月、蝎、蛇。左边的形象可能是象征着祆教的女神达埃纳(Daenā)，右侧的形象可能表现的是粟特女神娜娜（Nana)。这幅年代大概在10世纪的祆教图像，虽然已经受到佛教因素的影响，但祆教的特征还是非常明显，它可能是晚唐五代宋初的归义军官民赛祆活动的遗物。在藏经洞发现的敦煌官府的入破历（支出账）中，经常见到赛祆的记载，

图 48　敦煌藏经洞出土的祆教女神像

如P.3569《光启三年（887年）四月归义军官酒户龙粉堆牒》记有："四月十四日，夏季赛祆，用酒肆瓮。" P.4640背《己未至辛酉年（899—901年）归义军军资库司布纸破用历》记有："辛酉年三月三日，东水池及诸处赛祆，用粗纸壹帖。"敦煌研究院藏卷＋P.2629《归义军酒帐》有："四月廿日，城东祆神，酒壹瓮。""七月十日，城东祆赛神，酒两瓮。"此时的赛祆，已经是一种民俗化的祭祀祆神的活动。东水池在敦煌城东，在这里赛祆，使人很容易联系到同样是位于城东的安城祆祠，到归义军时期称作"城东祆"。值得注意的是，赛祆时往往用酒，这正是祆祠祈雨必备之物。由此可知，敦煌地区在祆祠祭祀以祈雨的做法，一直保持到宋朝初年。

敦煌市场与粟特商人的贸易网络

从4世纪初叶写成的粟特文古信札，到8世纪的敦煌吐鲁番文书，都记录着一批又一批前来中国经商的粟特人活动的情况。

粟特文古信札所记录的是以姑臧为大本营的一个粟特商团，他们的活动范围东到洛阳、邺城，西到萨马尔干，长途贩卖，把西方的贵金属、香料、药材运到中国，再把中国的丝绸运到西方。当然，粟特商人经营的商品，远远不止这些。

1997年，吐鲁番鄯善县吐峪沟乡洋海一所墓葬中，出土了一件《阚氏高昌永康十二年（477年）闰月十四日张祖买奴券》(图49)，记录了当地一个有钱的官人张祖，从康国来的粟特商人康阿丑那里，用行緤137匹，买下名为“益富”的胡奴。粟特人是丝绸之路上的人口贩子，特别是把中亚粟特地区、西域塔里木盆地周边绿洲王国、北方草原游牧民族地区的男女奴隶，倒卖到高昌、敦煌，甚至长安。这里称被买的

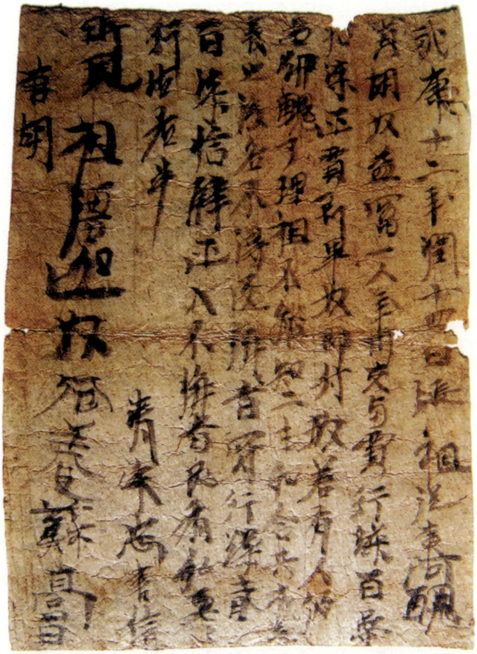

图 49　吐鲁番出土张祖买胡奴契约

奴隶为“胡奴”，显然也是中亚粟特地区来的奴隶。有意思的是，胡奴的名字“益富”，是一个非常中国化的名字，类似新疆出土的汉锦上的吉祥语词。这种采用中国人熟悉的吉祥、褒义、好听的名字来命名倒卖的男女奴隶，是粟特商人向汉人推销他们带来的人口商品的一种手段。吐鲁番出土的一些唐代契约文书表明，粟特人倒卖给汉人的女奴名叫“绿珠”“绿叶”等，其中“绿珠”曾是石崇家中“美而工笛”的女妓的名字，这在唐人社会中应当是非常有名的，所以起这样好听的名字目的显然是为了兜售他们的商品。

吐鲁番出土的早期世俗文书较敦煌为多，哈拉和卓99号墓出土的《北凉承平八年（450年）翟绍远买婢券》，卖主石阿奴很可能就是来自中亚粟特石国的粟特人。吐鲁番阿斯塔那古墓还发现过粟特文的买卖女婢契约（图50）。敦煌藏经洞所出文书中没有较早的例证，但是到了唐朝时期，不论是吐鲁番文书，还是敦煌文书，都提供给我们粟特商人在沙州市场上贩卖奴婢、牲口以及其他物品的事例。

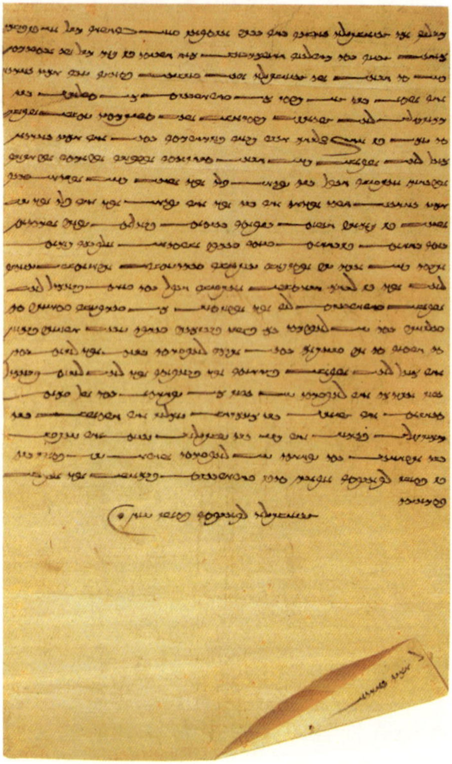

图 50　吐鲁番出土粟特文卖婢契约

1973年吐鲁番阿斯塔那509号墓出土的《唐开元二十年（732年）瓜州都督府给西州百姓游击将军石染典过所》文书（图51），记载已经在西州（今吐鲁番）著籍并得到游击将军官衔的粟特商人石染典，带着作人（身份较低的劳动者）康禄山、石怒忿以及家生奴（指自家繁殖者）移多地，还有牲口等，从安西（今库车）先到瓜州市易，准备再到安西。瓜州都督府给予过所（通行证）后，石染典一行经过悬泉守捉、常乐守捉、苦水守捉、盐池戍守捉等唐朝镇防机构官员的勘查后，来到沙州。石染典向沙州官府呈报自己携带奴隶、牲口到沙州贩易，并申请去伊州的过所。文书上有沙州市令张休勘同的字样，确认石染典所带人员和牲口数目属实。这是一件难得的文书，是粟特商人活跃在敦煌市场上的最好的证据。

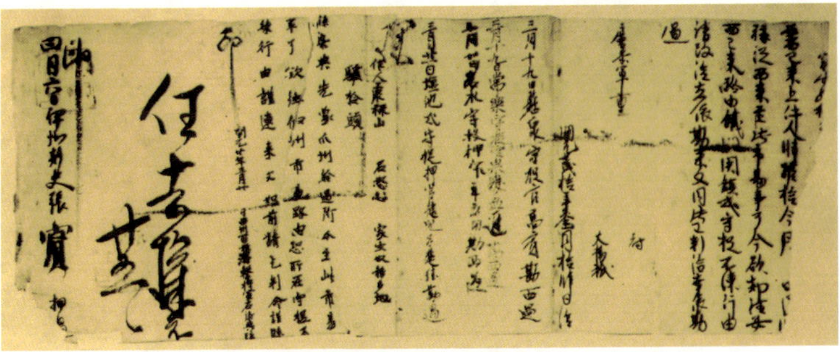

图51　吐鲁番出土《唐开元二十年（732年）瓜州都督府给西州百姓游击将军石染典过所》文书

敦煌藏经洞也出土过类似的材料，如《唐天宝某年王修智卖胡奴契》（敦煌研究院收藏），也是买卖胡奴时所订立的契约。画家张大千在20世纪40年代在敦煌得到一件《唐沙州某市时价簿口马行时沽》的文书，登录着“蕃奴”“蕃婢”，与马匹一起标价出售，这是因为在唐朝的市场上，人口和牲口是同等对待，都在市场中专门经营这两种商品的“口马行”来进行交易，这件文书就是沙州市场官员把口马行的外来奴婢和马匹的价格上报给上级官府的记录。

粟特商人经营的物品，大到供宫廷贵族打猎使用的猎豹（图52a-b）、供驱使劳作的奴隶、唱歌跳舞的胡人（图53a-b），

图 52a　西安唐墓壁画上的胡人牵猎豹图

图 52b　西安唐墓出土的胡人带猎豹俑

图 53a　史君墓石椁上的胡人奏乐图

图 53b　安伽墓石屏上的胡人舞蹈图

小到精美的金银器皿（图54a-b）、首饰、戒指、玻璃器皿等等，大大丰富了敦煌市场的商品种类，也给中古中国的物质文化增添了色彩。

粟特人经过长时间的经营，在萨马尔干和长安之间，甚至远到中国东北边境地带，逐渐形成了自己的贸易网络，在这个贸易网络的交汇点上，建立起移民聚落，作为他们东西贸易的中转站。吐鲁番出土有高昌国时期的《高昌内藏奏得称价钱帐》，就反映了在高昌地区进行贵金属、香料等贸易的双方，基本都是粟特人，也就是说，从西方来的粟特商人把

图 54a　何家村出土的粟特式带把杯

图 54b 何家村出土的粟特式银杯

大宗货物运载到高昌，由高昌的粟特商人买下来，再分散或整批运至河西或中原地区兴贩。吐鲁番文书《唐垂拱元年(685年）康尾义罗施等请过所案卷》，记录了从西域经西州到长安的粟特商人；而吐鲁番文书《唐西州高昌县上安西都护府牒稿为录上讯问曹禄山诉李绍谨两造辩辞事》，则记录了一些居住在长安的粟特人西到弓月城及以西地区经商贩易的情况，他们的活动范围十分广阔。英国伦敦大学的粟特文专家辛姆斯－威廉姆斯（N. Sims-Williams）教授曾据印度河上游中巴友好公路巴基斯坦一侧发现的粟特文岩刻题记，指出粟特人不仅仅是粟特与中国之间贸易的担当者，也是中国与印度之间的贸易担当者。结合吐鲁番阿斯塔那古墓发现的粟特文买卖突厥地区女婢的契约，我们也可以说，粟特人还是中国与北方游牧民族之间贸易的担当者，即如姜伯勤教授所强调的那样，粟特人实际上是中古时期丝绸之路上的贸易担当者。大概正是因为从北朝到隋唐，陆上丝绸之路的贸易几乎被粟特人垄断，所以我们在史籍中很少看到波斯商人的足迹。波斯商人在唐朝时期更多是活跃在东南沿海，而非敦煌、吐鲁番，在北方丝路沿线发现的大量的波斯银币，应当是粟特人贸易的印证，而不是钱币源出国的波斯人转输到中国来的。现代舞剧《丝路花雨》是一部非常成功的杰作，但是它用波斯商人作为丝绸之路上商人的代表，显然是因为在20 世纪80年代编写剧本时，人们对于粟特商人的认识还不够清晰，如果今后有改编的机会的话，那么我建议应当把波斯商人换成粟特商人，那才符合唐朝时期敦煌的历史真相。

吐蕃统治敦煌与藏文化的贡献

『寻盟而降』与『勿徙他境』

唐朝到了开元、天宝年间，达到了最为繁盛的时代。太平无事，统治阶级也渐渐腐朽，平静的社会其实潜藏着危机。天宝十四载（755年），一身任范阳等三镇节度使的安禄山在幽州（今北京）举起叛旗，挥师南下。唐朝社会承平日久，军队毫无战斗能力，所以节节败退，两京洛阳、长安相继失守，唐玄宗逃往成都避难。为了抵御叛军，唐朝调集驻守河西、陇右、安西、北庭的各路劲旅前往中原靖难，使西北地区兵力空虚。青藏高原上的吐蕃王国乘虚而入，从青海北上，进攻唐朝领地。

吐蕃军队先是占领了陇右大片土地，切断了河西与唐朝的联系，然后在唐代宗广德二年（764年）时，攻占河西首府凉州(今武威)，驻扎在这里的唐朝河西节度使杨志烈被迫率军西奔甘州（今张掖)。永泰二年（766年)，吐蕃进而攻占甘州、肃州(今酒泉)，唐朝继任的河西节度使杨休明又率军退守沙州。大历十一年（776年)，吐蕃又攻占瓜州，进围沙州，占领河西之地可以说指日可待。敦煌军民在阎朝等将领的率领下，艰苦抵抗，经过十年的奋斗，到贞元二年（786年）时，已经弹尽粮绝，在吐蕃答应“勿徙他境”的条件下，最终“寻盟而降”。从此，敦煌进入吐蕃统治的时代(786—848年)。

吐蕃从776年围沙州城，到十年以后的786年，才和敦煌百姓“寻盟而降”。按照吐蕃当年所向披靡的军事实力和敦煌军民的抵抗能力，吐蕃要尽早拿下一个孤立无援的敦煌城，应当不是很难。但为何围而不攻呢？在敦煌军民已经弹尽粮绝，没有抵抗能力的情况下，为什么还要与敦煌百姓设立盟誓后才受降呢？有的学者认为这是因为吐蕃赞普赤松德赞（Khri srong lde btsan，755—796/797年在位）正在大力弘扬佛教，而敦煌正是他所要保护的一座佛教圣城。的确，吐蕃占领敦煌以后，一方面，吐蕃赞普马上敦请从武威退避敦煌的高僧昙旷入藏讲道，又招请汉僧摩诃衍在沙州降蕃后入藏传播汉地禅法。另一方面，吐蕃在敦煌大力扶持佛教，寺院不断创建，僧尼人数大增，却并不把敦煌作为一个重要的军镇（藏文叫作Khrom),而是一个普通的城，隶属于瓜州军镇。这表明了敦煌佛教对吐蕃的意义所在，而敦煌的佛教在这一时期得到了迅猛发展。

敦煌受到佛教圣灵的护佑，躲过了一场战争的摧残，寺院的香火继续燃烧，莫高窟的营造活动得以持续进行。在吐蕃军队从东向西节节进攻的时候，河西地区，从武威到瓜州的高级军事将领、世家大族、高僧、文士，凡是有能力逃跑的，可以肯定要一路西奔，最后都退入敦煌城中，这其中包括上面说到的昙旷，他是家在张掖建康军的高僧；还有建康军使、甘州刺史吴绪芝，他就是吐蕃统治敦煌后期的最高僧官吴洪䛒的父亲。因此可以说，吐蕃围在沙州城中的百姓，聚合着当时整个河西走廊的精英。

为什么敦煌民众要求“勿徙他境”呢？正像历史上许多战争的后果一样，如秦始皇灭山东六国后，迁徙六国贵族到秦都咸阳；又如北魏灭北凉，把北凉的贵族、高僧、商人、工匠都迁到自己的首都平城。这一方面是想削弱被占领区的力量，另一方面也是增强自身的实力，并补充自己的不足。吐蕃王朝每攻占一地，也往往把当地的官僚和高僧等具有社会号召力的人士迁往别处。如吐蕃占领西州（今吐鲁番）后，就曾做了这种迁徙工作。敦煌文书P.3918《金刚坛广大清净陀罗尼经》的题记表明（图55a-b），唐伊西庭节度留后使判官朝散大夫试太仆卿赵彦宾就是西州的没落（被俘）官员，并被掠到甘州，充当寺户（寺院依附民）。另外，P.2132《金刚般若经宣演》题记中的僧义琳，P.2732《绝观论》题记中的

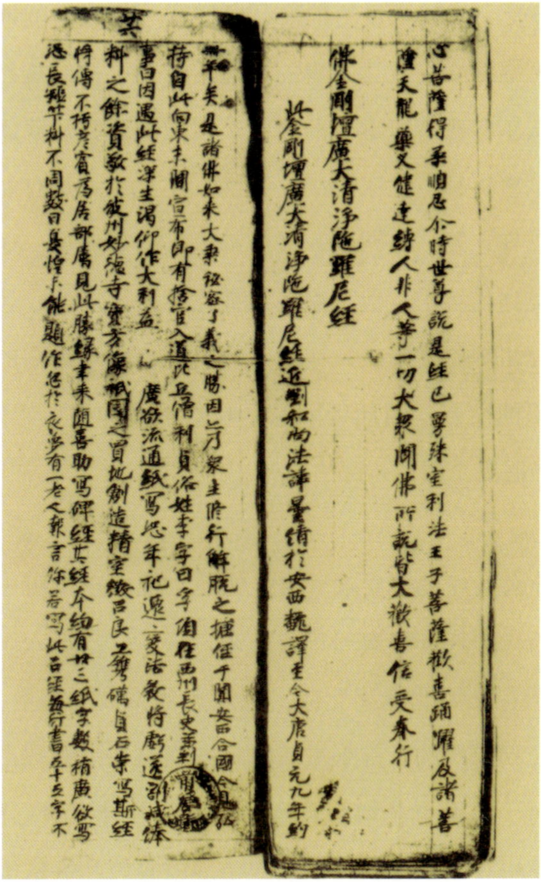

图 55a　敦煌写本 P.3918《佛说金刚坛广大清净陀罗尼经》

僧怀生，应当都是“西州落蕃僧”，也就是从西州被吐蕃俘虏而迁出的学僧。这些世家大族、官吏、高僧本是当地汉文化以及汉化佛教的传承者，他们的离去，使得西州汉文化的根基被抽空，等到回鹘到来后，这里很快就回鹘化了。相对而言，敦煌却因为在降蕃以前与吐蕃订立了“勿徙他境”的盟

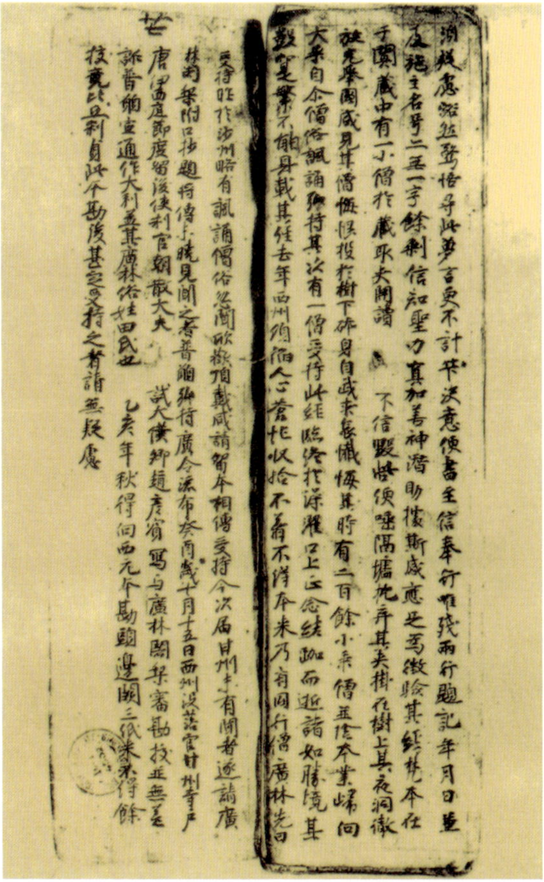

图 55b　敦煌写本 P.3918《佛说金刚坛广大清净陀罗尼经》

誓，所以得以保存住这里传统的汉文化。“勿徙他境”的另一成果，是为敦煌保存了人力物力，敦煌的世家大族的根基也没有任何动摇，使敦煌不像北凉灭亡后的情形那样，人口大量流失。

从昙旷到法成

昙旷，不见于中原高僧传记的记载。据敦煌文献得知，他是甘州张掖郡建康军人，年轻时在长安唯识学最高学府之一西明寺学习，专门研讨玄奘三藏极力扶持、推进的佛教唯识之学。“安史之乱”后，他一直在家乡一带讲学。吐蕃占领甘州后，他退避到敦煌，继续传布唯识、法相宗思想。

当吐蕃占领敦煌后，正是吐蕃地区主张渐修成佛的印度教法和主张顿悟的中原汉地教法相互辩难，不分胜负的时期，吐蕃赞普对顿、渐教义之争深感困惑，听说昙旷对佛教教义修养甚深，于是派人征召他入藏，来解除赞普的疑问。但昙旷由于“卧病既久，所苦弥深，气力转微，莫能登涉”，不能前往。于是，赞普把自己的疑难问题整理成二十二个问题，遣使送交昙旷解答。昙旷对于赞普的“深（宸）问忽临”，感到“心神惊骇”，虽然“将欲辞避”，又“恐负力课”。于是，“疾苦之中，恭答甚深之意；敢申狂简，窃效微诚”。虽然昙旷是唯识学僧，对某些有关顿、渐的问题是“昔岁不闻”，但他仍按“通理”，本于“知见”而做出答复，写成《大乘二十二问》(有P.2287等多件抄本，图56)。可以说，昙旷是当时河西地区，乃至吐蕃统治的整个西北地区最有学问的高僧之一，所以才受到吐蕃赞普的高度重视，向他求学。只是因为他活动在河西，而最后在吐蕃统治的敦煌去世，所以事迹没有传

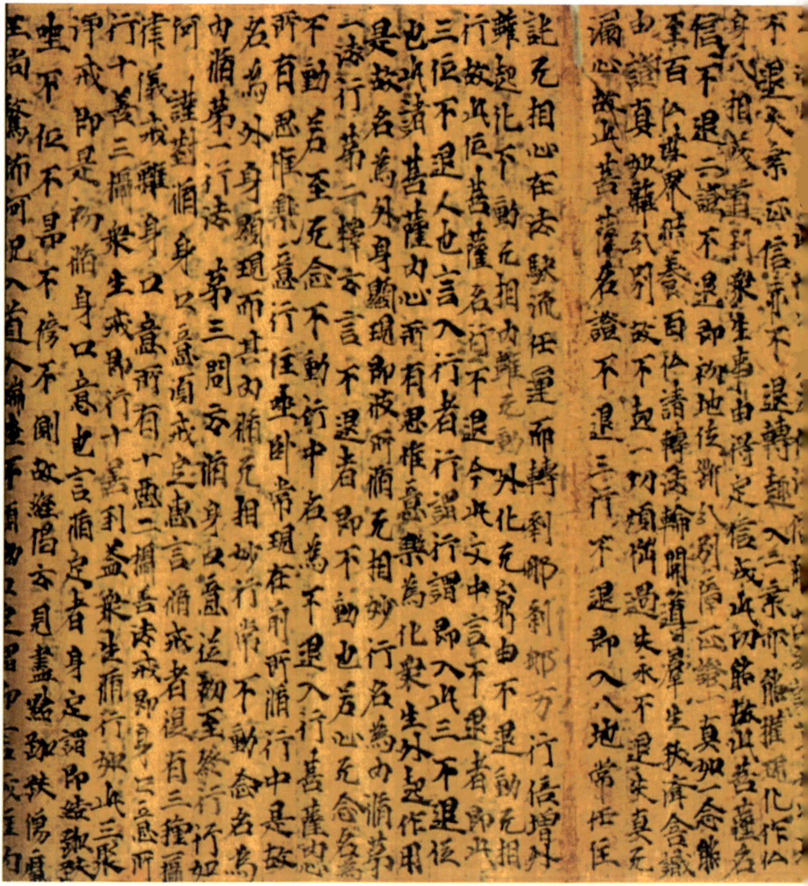

图 56　昙旷《大乘二十二问本》

到中原，汉文的僧传也就没有记载下来。

虽然身处乱世，昙旷不废著述，除了《大乘二十二问》外，他先后完成《金刚般若经旨赞》《大乘起信论广释》《大乘起信论略述》(图57)、《大乘入道次第开决》《大乘百法明门论开宗

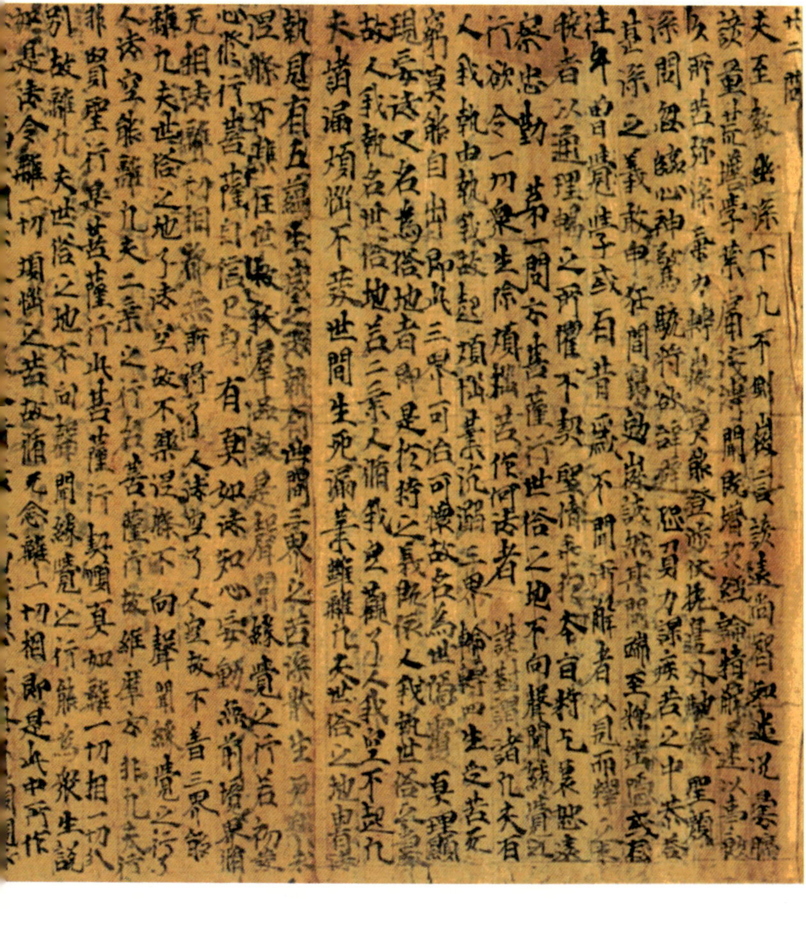

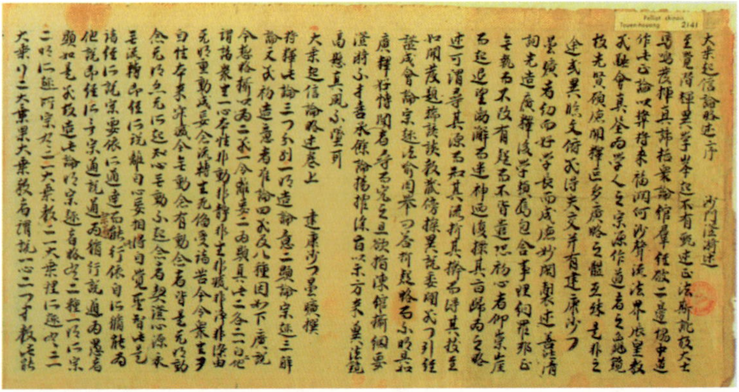

图 57　P.2141 昙旷《大乘起信论略述》

义记》《大乘百法明门论开宗义决》等，他把长安的法相唯识学说搬到敦煌，对敦煌佛教产生了较大的影响，他的这些著作都有大量敦煌抄本，可以证明此点。

吐蕃统治敦煌的时期，也正是赞普大力弘扬佛教的时代。吐蕃王朝把敦煌看作是一个佛教的中心，极力加以保护，使得敦煌的佛教势力得到迅猛的发展。在吐蕃统治敦煌初期，沙州有僧寺9所，尼寺4所，僧尼310人。到吐蕃统治末期，寺院增加到17所（图58），僧尼猛增到数千人，而沙州的总人口只有25000人左右。而且巧合的是，在此期间，敦煌避过了唐朝的“会昌法难”（844—845年）对佛教的破坏，佛教教团和寺院经济得到了空前的充实和发展，民间百姓的抄经、念佛、开窟、造像，更是始终不绝，敦煌文书中有沙州经坊大量抄写佛经的记载，留存至今的《大般若波罗蜜多经》《无量寿宗

图 58　敦煌藏经洞出土的纸本寺院图

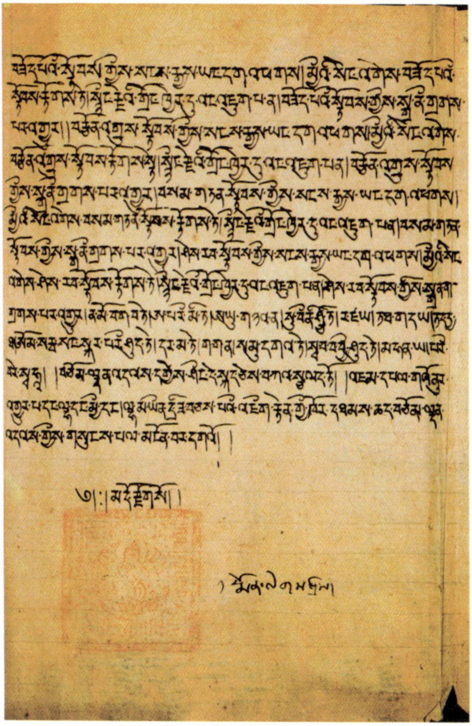

图 59　藏文《大乘无量寿宗要经》

要经》的写本(图59)，就有成百上千。反观其他思想文化方面的情形，敦煌教授儒家经典的学校不见了，读书的儿童转到寺院接受童蒙教育；虽然有“道门亲表部落”的建制，但道观也在文献中消失；摩尼教是吐蕃公开禁止的宗教；景教也只是在敦煌文书中见到两个十字架和一段占卜文。可以说，吐蕃统治时期的敦煌文化，几乎是佛教一枝独秀。

正是在这样的佛教兴盛的氛围下，在吐蕃统治敦煌末期，高僧法成在此驻锡讲经。

法成大约在780年出生于吐蕃大姓'Go氏家族，汉语译作“吴”，名Chos grub，汉语作“法成”。年轻时在藏地修习佛法。801年大约20岁的法成在敦煌抄写达摩和尚的《绝观论》(P.2885)。813—814年，他开始在敦煌讲经说法，主要讲述《大乘稻芊经》(P.2328)。815—833年间，他应招回到吐蕃本土，参加佛经翻译工作，先后从汉文、梵文译出《贤愚经》《目连故事》(拟)、《经律论集》(拟)、《大宝积经》《楞伽阿跋多罗宝经》《楞伽阿跋多罗宝经疏》《解深密经疏》《善恶因果经》《锡杖经》《持锡杖法》《千手千眼观世音菩萨广大圆满无碍大悲心陀罗尼》《百字论颂》《百字论颂释》《缘生三十颂》《缘生三十颂释》《八转声颂》《金光明最胜王经》《时非时经》《观世音菩萨秘密藏如意轮陀罗尼神咒经》《十一面神咒经》等。大概为了躲避吐蕃王朝内部佛教和苯教之间的激烈斗争，833年法成返回河西地区，在沙州永康寺讲《大乘四法经》《六门陀罗尼经》，此时法成署衔为“大蕃国大德三藏法师”，地位隆极。835年继续讲《大乘稻芊经》，后来成为首任归义军节度使的张议潮，就曾跟随法成学习，敦煌写本S.5835《大乘稻芊经》末题“清信佛弟子张义朝书”，内容就是法成所集《大乘稻芊经随听疏》的摘抄本，也就是张议潮跟从法成学习的听课笔记。842年移居甘州修多寺，译出汉文本《诸星母陀罗尼经》。845年，在修多寺道场讲《萨婆多宗五事论》。848年，张议潮率众推翻吐蕃统治，收复瓜、沙、甘、肃等州后，当时在甘州讲经的“大蕃国大德三藏法师”法成，却没有随吐蕃军队归国，而是留了下来，这和张议潮曾是他的学生不无关系。张球撰《大唐沙州译经三藏大德吴和尚（法成）邈真赞》（P.4660-25）称（图60）:“自通唐化，荐福明时。司空（张议潮）奉国，固请我师。愿谈唯识，助化旌麾。”说明在张议潮的挽留下，法成留在了河西西部地区，继续讲经说法，以协助节度使整治当地的教化。法成在讲经之余，把一些藏文本佛经译为汉文，如《释迦牟尼如来像法灭尽之记》《菩萨律仪二十颂》《八转声颂》等。敦煌文书表明，自大中九年(855年)开始，法成在沙州开元寺讲《瑜伽师地论》，直到大中十三年末或大中十四年初去世为止，听讲弟子有智慧山、谈迅、福慧、法镜、法海、一真、洪真、明照、恒安等，这些弟子听

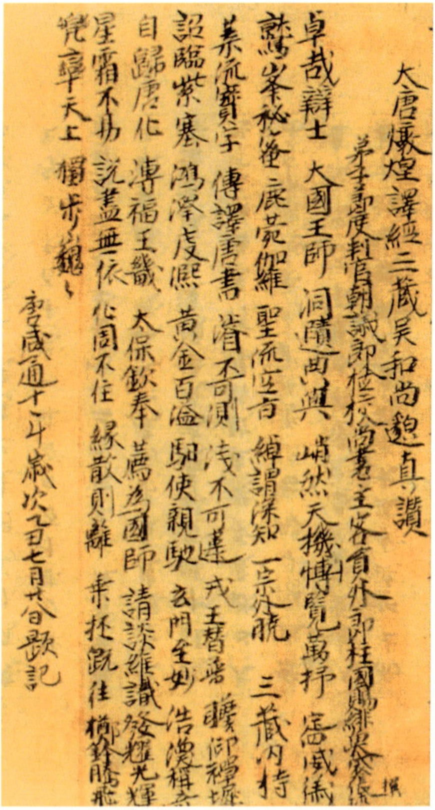

图 60　张球撰《大唐沙州译经三藏大德吴和尚（法成）邈真赞》

讲《瑜伽师地论》的笔记本，还大量保存在敦煌文献中，现在我们可以根据这些笔记的题记，按月份把法成讲经的时间排列出来。

法成可以说是吐蕃统治敦煌末期河西地区首屈一指的高僧，也是名扬整个吐蕃王国的学僧，他在甘州、沙州等地讲经之余，从事著述和翻译，敦煌文献中保存有一批他从汉文译成藏文和从藏文或梵文译成汉文的佛经，其著述不多，但有许多集成类的著作，其许多著作和译著保存在敦煌文献和传世藏文大藏经中。法成的佛教学受到昙旷的影响，在他身后，敦煌的佛教教学由法成的弟子继续下来。

禅宗入藏

前面说到，吐蕃王朝攻占敦煌后，赞普曾招请汉地禅僧摩诃衍前往藏地传播禅法。关于这件西藏佛教史上的重要史事，14世纪初成书的布顿《教法史》、巴氏所撰桑耶寺志《巴协》等藏文佛教史籍中都说，在赤松德赞赞普统治时期，以莲花戒为首的印度僧人和以摩诃衍为首的汉地僧人，因为分别主张渐修和顿悟而争论不已。于是赞普召集双方论战，据说赞普坐在中央，命摩诃衍坐于上首——右方，莲花戒坐于左方。赞普各授以花环而晓谕说：辩难败者应献花环于胜者，今后不得再在藏地驻足。最后，摩诃衍语塞辞穷，献花环于莲花戒。赞普遂下令禁绝顿门学说，查封其撰述，并将和尚遣返汉地。对于这个结果，现存的藏文佛教史籍几乎众口一词，没有两样，但这些都是14世纪以后晚出的藏文典籍中的说法。

然而，敦煌幸运地发现了河西文人王锡所撰《顿悟大乘正理决》(P.4646，图61)。这是王锡奉摩诃衍之命而写，记载了

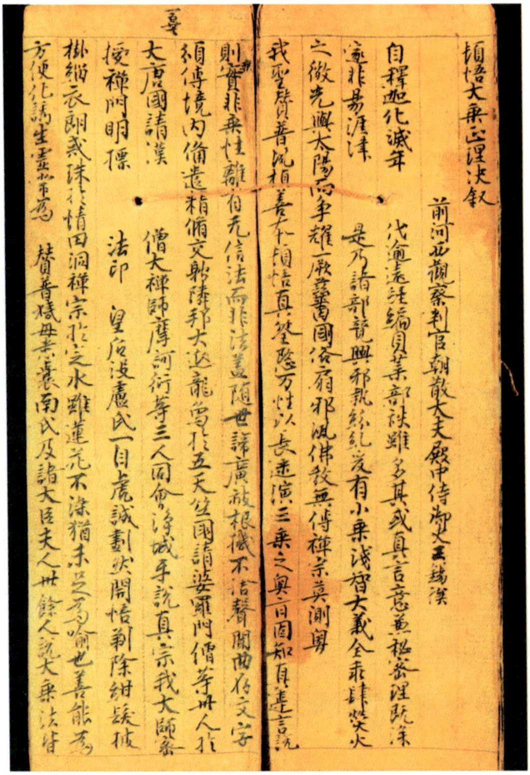
頓悟大乘正理決敘
前河西觀察判官朝散大夫殿中侍御史王錫撰
自釋迦化滅年代逾遠經編貝葉部袟雖多其或真言意兼秘密理既深
遠非易涯津 是乃諸部競興邪執紛糺爰有小乘淺智大義全乖螢火
之微光興太陽而爭耀一廠蕃國俗扇邪風佛教無傳禪宗莫測
我聖贊普夙植善本頓悟真筌愍万性以長迷演三乘之奧旨固知真達言說
則實非乘性離有无信法而非法蓋隨世諦廣被根機不諸聲聞由存文字
須傳境內備遣精修交聘隣邦大延龍象於五天竺國請婆羅門僧等卅人於
大唐國請漢僧大禪師摩訶衍等三人同會淨城手說真宗我大師密
授禪門明標法印 皇后沒盧氏一自虔誠劃然開悟剃除紺髮披
掛緇衣朗戒珠於情田洞禪宗於定水雖蓮花不染猶未足為喻也善能為
方便化誘生靈常為 贊普姨母悉囊南氏及諸大臣夫人卌餘人說大乘法皆

图 61　王锡所撰《顿悟大乘正理决》（P.4646）

摩诃衍在吐蕃与莲花戒斗法的情形，结论却与传世的藏文典籍相反，是“婆罗门等随言理屈，约义辞穷”，摩诃衍倡导的禅宗获得胜利，吐蕃赞普宣布：“摩诃衍所开禅义，究畅经文，一无差错，从今以后，任道俗依法修习。”书中说到摩诃衍传授禅法的情形：“我大师密授禅门，明标法印，皇后没庐（’Bro）氏一目虔诚，划然开悟，剃除绀发，披挂缁衣……常为赞普姨母悉曩南氏及诸大臣夫人卅余人说大乘法，皆一时出家矣。……又有僧苏毗王嗣子须加提……身披百衲，心契三定，谓我大师曰：‘恨大师来晚，不得早闻此法耳。’”说明汉地禅宗受到吐蕃王后、大臣夫人以及苏毗王子等的信奉。

1952年，法国汉学家、佛学家戴密微（P. Demiéville）出版《拉萨宗教会议》一书，详细阐释了《顿悟大乘正理决》及相关的敦煌文书，改写了有关汉地禅宗入藏传播的历史。由此开始，欧美和日本学者对禅宗入藏及相关敦煌文献进行了一系列的研究，在敦煌藏文写本中，发现了一大批编译自汉文的禅宗史书、语录，如《楞伽师资记》《历代法宝记》《二入四行论》《卧轮禅师看心法》《大乘顿悟正理决》等，阐明了四川成都净众宗的金和尚（无相）在禅宗入藏中所起的作用，以及摩诃衍在藏地传法后回到敦煌的情况。

敦煌汉、藏文写本中的汉地禅宗系统的文献，如藏文摩诃衍教法（P.t.116）、王锡《顿悟大乘正理决》，不仅补写了吐蕃历史的篇章，也改正了一些对吐蕃历史的误解。但是，由于西藏“后弘期”佛教的发展走向越来越与印度佛教拉近，而越来越与汉地佛教疏远，于是，有关禅宗在西藏传播的历史被改写，被歪曲，原本是被吐蕃僧俗大众尊重的禅师摩诃衍，也被妖魔化为一个小丑，说他大败而归，甚至连鞋子也忘记穿上，就逃回汉地了。现在由于敦煌文献的发现，我们才得以恢复历史的本来面貌。

敦煌文书所展示的汉藏间的文化交流，不仅仅是禅宗入藏一件事情。由于晚期西藏的典籍受佛教的影响，主要强调西藏文化的印度来源，而湮灭了西藏文化从汉地借入的内容，我们在敦煌藏文文书中，找到了汉文古典著作《尚书》、历史著作《春秋后语》、子部教科书《孔子项橐相问书》，以及有关占卜、医药等著作的译文。还有用藏文字母拼写或汉藏对译的汉文文献，如《千字文》《杂抄》《金刚经》《阿弥陀经》《般若心经》《南天竺国菩提达摩观门》《天地八阳神咒经》等，都表明了唐朝对吐蕃在文化上的影响。

同时，吐蕃的宗教、医学等经过发展和完善，反过来也对汉地产生影响，特别是对于河西和西域南道吐蕃占领区，这种影响是极其深远的。如于阗人曾把藏文的《医理精华》译成于阗文，这部重要的著作在敦煌藏经洞中保存下来。

飞鸟使与吐蕃时期的中西交通

从755年到796年，是吐蕃赞普赤松德赞统治时期（图62），也是吐蕃王朝有史以来国势最强的时代。敦煌本《吐蕃王朝大事记》称颂道:“韦·赞热多禄（dBa’s bTsan bzher mDo lod）等率军至凉州以上（西），攻占八座州城后，编组降人，使之成为〔赞普〕臣民。〔吐蕃〕国威远震，陇山地区以上（西）尽入手中。而后，设立五个通颊（mThong khyab）万户部落，新生一个德论（bDe blon）所辖之大区。”这是吐蕃史官所记载的攻占唐朝领地的情形，所谓凉州以西八州，即上述凉、甘、肃、瓜、沙、伊（781年占领）、西（791年）、庭（790年）八州，德论辖境可以考订在陇山以西、且末以东吐蕃新占领的河、陇地区。

据藏文史籍《智者喜宴》记载，吐蕃本部的军政组织是分成翼（ru,“如”）和千户部落（stong sde,“东岱”），总共有5翼61千户部落，而若干个千户所属的民众立一个万户长（Khri dpon）管辖。随着吐蕃势力的向外扩张，又把新占领和吸

图 62　敦煌莫高窟第 159 窟所绘当时吐蕃赞普礼佛图像

收的部族民众编成新的部落，如唐蕃交界处的通颊和吐谷浑分别被编成九个和六个千户部落。这些部落随着吐蕃王国的扩张而伸向新的领域，因此，通颊、退浑（吐谷浑）部落的名字也都见于吐蕃新占领的陇山以西地区，包括敦煌在内。

吐蕃占领敦煌后，于790年按照其本身的制度，把沙州百姓按职业编成若干部落，现在知道的有“丝绵部落”“行人部落”“僧尼部落”“道门亲表部落”。820年前后，增置军事系

统的阿骨萨（或写作曷骨萨、纥骨萨）、悉董萨（思董萨、丝董萨）部落(即上、下部落)。824年，又增置通颊军部落。部落有部落使，下设将，将有将头。吐蕃改变了敦煌的军政管辖体制，虽然继续计口授田，但这种部落编制显然不利于生产的组织。僧尼的大量增加，也减少了劳动人口。按地亩征收的“地子”和按户征收的“突税”，使百姓负担大大超过了唐朝时期。吐蕃收缴民间铁器，影响了农业生产。唐朝的货币被废除，交易退回到以物易物。瓜沙大族的社会基础虽然没有受到多大的影响，但汉人的社会地位要低于吐蕃人，甚

至低于吐谷浑和通颊人。在吐蕃统治初期，曾爆发了玉关驿户起义，氾国忠等于深夜杀入沙州子城，吐蕃节儿投火自焚。

为了镇守新的占领区，吐蕃王朝在其从东北到西北的边境一线上设立了一系列军镇（Khrom），从东到西，计有：黄河上游河曲附近的玛曲军镇、位于青海湖东部或东北的野猫川军镇、河西走廊的凉州军镇、瓜州军镇、罗布泊地区的萨毗军镇、于阗地区的于阗军镇、吉尔吉特的小勃律军镇。敦煌从军镇体制上属于瓜州军镇，在吐蕃时仍称作沙州，但只是一个城，其首脑叫“节儿”,即城主的意思（并不是汉文“节度使”的另一种说法）。

在吐蕃王国的都城逻些及赞普常驻的行宫与这些边疆军镇之间，在这些北方军镇和军镇之间，吐蕃建立了一套完备的、有效的驿传系统，以便中央政府的政令畅达无阻，并能够牢牢地控制它势力所及的各个地区。吐蕃也和唐朝一样，在各个城镇之间设置驿站，由驿户加以维护，上面提到过曾经发动起义的氾国忠就是敦煌的玉关驿户。平日的交通是驿骑往来，拉萨保存的《唐蕃会盟碑》载:“今社稷叶同如一，为此大和〔盟约〕，□□□□甥舅相好之义，善谊每须通传，彼此驿骑一往一来，悉遵曩昔旧路。”遇到紧急情况，如驰报军政要闻和调动兵马，则由“飞鸟使”或“鸟使”来执行任务。

唐人赵璘《因话录》卷七记载：“蕃法刻木为印，每有急事，则使人驰马赴赞普牙帐，日行数百里，使者上马如飞，号为马（鸟）使。”宋人钱易《南部新书》乙部中也说：“蕃中飞鸟使，中国之驿骑也。”

关于这种飞鸟使的具体运作方式，现存于敦煌市博物馆的一件敦煌藏经洞出土的古藏文驿传文书有一个详细的个案：

蛇年冬十月十九日自文江岛宫盖印发出。传令使江拉列传递紧急信件前往瓜州军镇，一名使者派予护送骑士一名，并给捆载信袋及绳具一副，行经牧区时，贝玛驿站以东供应口粮面粉一合，酥油一两。行经农区时，麦秀驿站以东供应面粉四掬，酥油一两。若遇其他紧急使者同行，可一并护送。〔若遇〕一般信使，不得一并护送。到达晚宿驿站时，驿丞及书吏在文书上加盖印章后即遣一名护送者发送之。此加盖印章〔之文书〕至瓜州军镇方得开拆。论格热……（下有33人名，略）等人之书信物品三驮应于蛇年冬十二月十九日前送达，昼行五站，夜行四站，按规定应行九站前往瓜州。所携加急信件宜妥加保管，驿站人员不得疏忽，逐站依次送行。不论昼夜，各驿站内均应有专人加盖印章为证。按规定时限直接送达，不得枉道稽延。若加急信件因枉道延误而未如期送达，将予各驿站失职之驿丞、书吏、信札护送人以严惩。

此加急信件应由卡桑负责官员、绒波军镇官员、往来鸟使等三者加盖印章。

这件从吐蕃本土的文江岛宫发送到敦煌所在的瓜州军镇的文书，详细记载了飞鸟使的行程、时限、伴随人员的安排、携带文书的保管等一系列严格的规定，其中还提到上面要加盖印章。我们也有幸在巴黎所藏敦煌P.t.1085号藏文文书上，见到一种飞鸟展翅状的藏文红色方印，这是一件自吐蕃中部的郎卡宫送至沙州的公文，藏文印文为pho brang nas bka’rtags bkye，意为“宫廷所押诏敕之印”，或许传送吐蕃宫廷这种盖有展翅飞鸟状印玺文书的使者，就是唐人眼中的“飞鸟使”。

吐蕃王国这套发达的驿传体系，绝不仅仅是为军政系统所使用，它也为文化交流提供了往来便利的交通网络。

过去一种传统的观点认为，唐朝“安史之乱”以后，吐蕃占领河西和西域，阻断了中西往来的交通路线，所以从德宗贞元六年（790年）沙门悟空从西域绕道漠北回鹘汗国返回长安以后，直到北宋初年，中印之间的交往被中断。

然而，现收藏于英国图书馆东方与印度事务部的斯坦因所获藏文写本Ch.83.xi号（图63），背面抄有五封藏文信札，其间杂写着一些汉字。五封信札的主要内容，都是介绍一位汉地(Rgya yul）的和尚（Hva Shang）前往印度（Rgya gar yul）取经，发信者是一些吐蕃官人，请求和尚所经之地的官人或拟住之寺的高僧关照这位西行的僧人。信中提到和尚是从五台山（'go de shan）出发的，所经之地有Leng chu（灵州或凉州）、Ga Lu、Dan tig shan、Tsong ka（宗哥城）、Kam cu（甘州）、Sha cu（沙州）。目的是到那烂陀寺(Nalenta）寻访高僧，到灵鹫山(Bya rgod，Grdhra-kuta）礼释迦圣迹。这五封信连写在同一卷上，看来是保存在和尚手边的书信副本，而正本已寄往各位收信者。文书提到和尚已经经行的最后一站是沙州，在藏文书信间杂写的汉字中，有“龙兴寺”字样，应是和尚在沙州寄住的寺院名称，也就是沙州最大的官寺。这些信的副本至此已无用途，故留在了敦煌。从发信者多为吐蕃官人来看，这位和尚从五台山出发往印度求法的时间，应当是在吐蕃统治河西地区的8世纪末到9世纪中期。可见，吐蕃对河陇的占领，并未中断中印之间佛教徒的往来。而这位和尚所走的路线，应当是和吐蕃的驿道相同的路线。

吐蕃是中华民族大家庭中的一个组成部分，吐蕃王朝在7世纪初叶迅速兴起于青藏高原，藏人善于学习唐朝、印度、西域等周边民族的制度、文化，得以快速发展壮大，在8世纪

图 63　英藏藏文求法僧书信

末到9世纪上半叶占领河西、西域时期，形成融会多种文化的吐蕃文明，给敦煌以深刻的影响。敦煌保存的文书表明，吐蕃对河西和西域的统治影响深远，在吐蕃统治结束以后，这一地区各个民族政权间相互联系时，如归义军与甘州回鹘、

与于阗王国之间，即使晚到10世纪，也还常常使用大家都能懂得的共同语言——藏语来通信，这个例子，清楚地表明了吐蕃文化的深远影响。

归义军时期的丝绸之路

沙州张、曹两氏归义军政权

在吐蕃王朝内部，一直存在着信奉佛教和信奉吐蕃人的原始宗教——苯教（Bon）的斗争。吐蕃赞普朗达玛（gLang dar ma）即位后，在一些信奉苯教的大臣的怂恿下，进行灭佛运动。842年，朗达玛被僧人刺杀，随之吐蕃国内陷于混乱。河陇地区的洛门川讨击使论恐热与鄯州节度使尚婢婢相攻不已，吐蕃势力大衰，其在河西和西域的统治秩序也随之迅速崩溃。

唐宣宗大中二年（848年），沙州土豪张议潮率众起义，赶走吐蕃的敦煌守将节儿，夺取沙、瓜二州，并迅速向东西方向扩展，同时派出几路使者，往唐朝都城长安告捷。五年（851年），敦煌使者抵达长安，唐朝为之设立一个新的方镇，名叫“归义军”，以张议潮为节度使，兼沙、瓜、甘、肃、伊、西、鄯、河、兰、岷、廓等十一州观察使。敦煌从此开始了延续近二百年的归义军时期。主要由张氏统治的归义军前期（晚唐），名义上是唐朝的一个军镇，但独立性十分强，唐朝用“归义”这样一个传统上是给归附的周边少数民族政权的名称来称呼这个军镇，也表明没有把它当作自身直接控制的政权；而曹氏执政的归义军后期（五代、宋初），实际已是一个地方王国，《宋会要》《宋史》都把“瓜沙二州”列入《外国传》，表明其在中国历史上的特殊性。

9世纪中叶，正是西北地区各种势力兴衰起伏的时期。唐朝无力再度西进，吐蕃王国崩溃，漠北回鹘汗国破灭，部众

图 64　莫高窟第 156 窟张议潮统兵出行图

四散(840年)，周边大的势力都处在衰落期，因而河西走廊和塔里木盆地各种地方势力随之兴起，如吐谷浑、龙家、嗢末、萨毗、仲云、南山，以及吐蕃余部、西迁回鹘等，都想在这里争得一块地盘。张议潮以敦煌为中心，以汉族为主力，团结境内各民族，建立并巩固了归义军政权，并存续了近二百年，其意义非同一般。

张议潮在占领瓜、沙等州后，且耕且战，在大中三、四年

(849—850年),攻占甘、肃、伊三州。在讨平伊州等地的回鹘部族的骚扰后，于大中十二年（858年）率蕃汉兵东征，经三年苦战，于咸通二年（861年）攻占昔日的河西首府凉州(图64)。至此，归义军辖境东抵灵武（宁夏),西达伊吾（新疆东部),势力达到最盛期。

面对张议潮势力的扩张，唐朝君臣的心理颇为矛盾，一方面欢迎他打败唐朝多年来无法打败的吐蕃，另一方面又怕张议潮成为下一个“吐蕃”——与唐朝对抗的西部势力。所以，咸通四年（863年），唐朝设凉州节度使，希望削弱张议潮势力。但从敦煌文书中可知，凉州的实际控制权仍在张议潮手中。咸通七年（866年），北庭回鹘仆固俊攻占西州、北庭、轮台、清镇等城，创建西州回鹘政权，但与归义军保持着友善的关系。

归义军成立后，极力恢复唐朝各项制度，强化汉文化教育，并不断吸收中原文化的营养成分，使得汉文化在敦煌乃至整个河西地区部分地巩固下来。总体上讲，归义军时期的文化较吐蕃时期更加开放，佛教向民俗化方向发展，其他宗教文化也表现出各自的活力，并且与民间文化渐渐合流。

吐蕃崇佛的政策，造就了强大的敦煌佛教教团，汉族高门出身的洪䛒（俗姓吴）领导敦煌僧尼大众（图65），参加了张议潮发动的起义。归义军建立后，张议潮整顿清理寺院财产，建立河西都僧统司，以洪䛒为河西都僧统，管理境内僧尼大众。吐蕃的崇佛政策深深地影响了归义军，佛教在归义军时期继续盛行，莫高窟在归义军张氏时期迎来了一个新的造窟高潮，有的学者称之为“敦煌千佛洞的中兴”。

图 65　归义军首任河西都僧统洪䛒像

咸通八年（867年），张议潮的势力影响到陇右和西州，而先身入朝为质的张议潮兄张议潭卒于长安。张议潮奉诏入京，被唐朝优养起来，没有再回河西，最后在咸通十三年（872年）卒于长安。在张议潮走后，其侄张淮深代掌归义军政权，但唐朝并不给予张淮深节度使旌节。张淮深得不到唐朝的支持，而西迁回鹘已深入到甘、肃等地，甚至侵扰瓜州。张淮深虽然击败了回鹘散众的袭扰，但乾符三年（876年），西州回鹘攻占伊州，使归义军丧失了一个重要的城镇。张淮深虽然三番五次地遣使唐朝，求授旌节，但唐朝就是不给，张淮深只能在境内自称“河西节度使”。中和二年（882年），他的部下在沙州立《敕河西节度兵部尚书张公德政之碑》，为张淮深歌功颂德。但实际上此时甘州、凉州已渐渐不为归义军所守。光启二年到三年（886—887年），张淮深分遣三批使者入唐朝求授旌节，唐朝仍旧不予，引起瓜沙内部对张淮深的不满。文德元年（888年）十月，唐朝终于派遣使者经朔方节度使辖境往沙州，授予张淮深归义军节度使旌节，但归义军内部矛盾已不可收拾。大顺元年（890年），张淮深及其夫人、六子同时被杀，大概是其叔伯兄弟的张淮鼎继任节度使。

大顺三年（892年），张淮鼎卒，托孤子张承奉于张议潮的女婿索勋。索勋乃自立为归义军节度使，掌握实权，并得到唐朝的认可，沙州百姓为他立《大唐河西道归义军节度索公纪德之碑》。乾宁元年（894年），嫁给敦煌大族李明振的张议潮第十四女张氏，率诸子灭掉索勋，由李氏诸子掌握归义军实权。瓜沙大族对这种暗中窃取张氏政权的做法显然不满，乾宁三年（896年），张承奉依靠大族势力，夺回实权。

因为归义军内乱，东面的肃州，西面的鄯善，都陆续脱离归义军的统治，归义军的辖境缩小到瓜、沙二州之地。张承奉建立二州六镇防戍体系，主要是为了抵御来自东面的甘州回鹘政权的侵逼，所以军镇主要在东部沿边地带。光化三年（900年）八月，唐朝正式授予张承奉节度使旌节，唐朝的使臣于翌年到达沙州，西面独立的于阗王国的使臣也在同年首次来访沙州，表明归义军在外交上的成功。但归义军的实力已大不如往昔，不久敦煌受到甘州回鹘的侵扰，莫高窟的部分窟阁曾被战火焚烧。

天复七年（907年），朱全忠废唐昭宣帝自立，建立大梁政权。十年（910年）秋，张承奉知唐朝已亡，自称白衣帝，建号金山国。金山国新立，锐意恢复归义军旧地，曾派国相罗通达率军讨伐鄯善的璨微部落，又北征伊吾，均无功而还。甘州回鹘数次进攻沙州，金山国先胜后败，最后在辛未年（911年）七月，与回鹘订立城下之盟：回鹘可汗是父，金山天子是子。

甲戌年（914年），曹议金（名仁贵）取代张承奉，废金山国，去王号，仍称归义军节度使。曹议金改善与周边民族的关系，遣使甘州，并娶回鹘可汗女为妻，确定和亲关系（图66a-b）。贞明四年（918年），曹议金在回鹘可汗、凉州仆射、灵州相公的帮助下，遣使后梁，受到后梁王朝给予的归义军节度使的封赠。曹议金于莫高窟建大窟一所（第98窟），以庆贺中朝授节降恩。曹议金在通使伊州、西州回鹘，稳固后方

图 66a　榆林窟第 16 窟曹议金供养像

图 66b　榆林窟第 16 窟曹议金回鹘夫人供养像

以后，于同光三年（925年），乘甘州回鹘汗位交替之机，亲率兵征讨甘州回鹘，经苦战，使之屈服。新立的回鹘可汗娶曹议金女为妻，成为曹议金子婿。曹议金妥善处理对外对内的关系，使归义军实力有所增强。长兴二年（931年），曹议金号称“令公”“拓西大王”，归义军成为名副其实的地方王国。曹议金又积极发展与于阗的关系，双方使者频繁往来，最后在934年，曹议金的另一个女儿嫁给于阗国王李圣天。

清泰二年（935年），曹议金卒，其子曹元德即位。沙州入朝中原的使臣在甘州被劫，归义军与甘州回鹘关系破裂。天福四年（939年），曹元德卒，弟曹元深即位，但身体多病，曹议金妻、回鹘夫人掌握实权，号称“国母”。沙州利用后晋册封于阗王李圣天的使臣回朝的机会，遣使后晋，并与甘州修好。

天福九年（944年），曹元深卒，弟曹元忠即位（图67a-b）。曹元忠统治时期是归义军后期文化比较昌盛的时代。曹元忠发展与周边民族政权的友好往来，并先后与中原后晋、后汉、后周和北宋政权保持联系，给瓜沙地区的稳定和发展带来时机。开宝三年（970年），于阗与信奉伊斯兰教的黑韩王朝相攻战，于阗王尉迟输罗曾写信向其舅曹元忠求援。开宝七年（974年），曹元忠卒，侄曹延恭即位。九年（976年），

图 67a　榆林窟第 19 窟曹元忠供养像

图 67b　榆林窟第 19 窟曹元忠凉国夫人供养像

曹延恭卒，弟曹延禄即位。

曹元忠以后的归义军政权，开始走下坡路。东西方两支回鹘势力，不断侵凌敦煌，瓜沙境内也产生内部矛盾。咸平五年(1002年),瓜沙军民不满曹延禄的统治，围攻军府，曹延禄及其弟曹延瑞自杀，族子曹宗寿即位，并得到宋朝的承认。与此同时，归义军也和辽朝开始通使。大中祥符七年（1014年),曹宗寿卒，子曹贤顺即位。1036年，西夏占领沙州，归义军政权基本结束。

曹氏归义军继续了张氏归义军的崇佛政策，在莫高、榆林两地修建或改造了许多洞窟，几乎历任归义军节度使都建造了自己的功德窟。敦煌重新发挥了它在丝绸之路上转输商品、传播文化的重要作用。归义军官府安排协助了许多西行取经的和尚前往印度，敦煌的寺院也接待了不少东来的梵僧前往中原。经行敦煌的当然不只是僧侣，还有一批批使者、商人和其他宗教的传教士们。归义军政权与西面的佛教王国于阗保持着密切的关系，与沙州联姻的于阗王室对敦煌石窟做出过很多贡献，他们的供养人像也都绘画在莫高窟和榆林窟中。西州回鹘在复兴佛法时，也得到了敦煌的帮助，归义军节度使曹元忠就曾让人抄写《大佛名经》送到西州，两地的讲唱文学作品也互有交流。

悟真的长安之行与唐朝复兴佛法运动

唐武宗会昌五年（845年）的毁佛灭法运动，给包括长安的中原地区的佛教以巨大的打击。会昌六年三月宣宗即位后，开始了复兴佛法运动。《资治通鉴》卷二四八会昌六年五月条载："上京两街先听留两寺外，更各增置八寺；僧、尼依前隶功德使，不隶主客，所度僧、尼仍令祠部给牒。"同书同卷又记：大中元年(847年)"闰三月，敕：应会昌五年所废寺，有僧能营葺者，听自居之，有司毋得禁止"。中原地区的佛教，包括首都长安的佛教在内，开始逐渐复兴。

与此同时，大中二年，张议潮起义，赶走吐蕃统治者，派使者奔赴唐朝京城长安，报告沙州起义的消息。大中五年，沙州使者到达长安。因为敦煌在吐蕃时期躲过了"会昌灭法"，是一个佛教占很大比重的地区，所以在沙州派往长安的使者中，还有一位敦煌史上著名的僧人，即当时沙州僧团领袖洪䛒的弟子——悟真。当时河西走廊的东部还在吐蕃部将的控制之下，经过河西走廊的丝绸之路还没有开通，所以沙州的使者是绕道蒙古高原，然后从天德军南下，经过三年的艰难跋涉才到达长安的。从这件事情上，可以看出当时由于民族之间的战争阻绝，丝绸之路壅闭不通的情形。

自建中、贞元时唐朝失掉了河西之地，历朝君臣虽有收复之意，但无收复之力。正当号称“小太宗”的宣宗大力恢复佛法之际，忽然有沙州僧悟真充使来朝，奉献失地，对于唐朝的君臣来说，这是何等高兴的事啊！这对宣宗推行的政策，也无形中给予了肯定，京师两街佛教大德对这位素不相识的沙州僧人表现出格外的热情。

敦煌文书中保留有三件悟真大中五年入朝时与长安两街大德唱和的诗集写本（P.3720、P.3886、S.4654），其中除了一首悟真的诗外，均为京城左右两街大德的诗作。宣宗复兴佛法初期长安僧团领袖人物，几乎都在其中，如：右街千福寺三教首座入内讲论赐紫大德辩章、右街千福寺内道场表白兼应制赐紫大德宗茞、右街千福寺内道场应制大德圆鉴、右街崇先寺内讲论兼应制大德彦楚、右街千福寺沙门子言、报圣寺赐紫僧建初、报圣寺内供奉沙门太岑、京荐福寺内供奉大德栖白、内供奉文章应制大德有孚、内供奉可导、左街保寿寺内供奉讲论大德景孚、京城临坛大德报恩寺道钧。这三件敦煌写本所列僧团首领的次序相同，所以其前后位置应当表示身份高低。

辩章在大中五年与悟真唱和时位在众僧之首，地位隆重。大中七年，他奉敕主持修建总持寺。转年任左街僧录。彦楚大中五年时为右街崇先寺内讲论兼应制大德，到十年升任内供奉讲论兼应制引驾大德。咸通十一年时，任右街僧录。十三年，彦楚与左街僧录清澜一起，往法门寺为懿宗迎佛骨到宫内供养（图68a-b），其名字刻在1987年法门寺地宫出土的《大唐咸通启送岐阳真身志文》碑上。从佛教史籍所记载的辩章、彦楚后来的地位看，大中五年与悟真唱和的这些诗僧，都不是等闲之辈。

图 68a　法门寺地宫出土鎏金伎乐纹银香宝子

图 68b　法门寺出土鎏金伎乐纹银香宝子乐伎图

辩章在诗集前的《赞奖词》中说道：

我国家德被遐荒，道高尧舜。万方归服，四海来王。咸歌有道之君，共乐无为之化。瓜沙僧悟真，生自西蕃，来趋上国。诏入丹禁，面奉龙颜。谒忠恳之诚，申人臣之礼。圣主念以聪慧，贤臣赏以精持。诏许两街巡礼诸寺，因兹诘问佛法因由：大国戎州，是同是异。

从这段开场白中不难看出，唐朝虽然对悟真的到来表示欢迎，而且给予很高规格的接待，但对于来自吐蕃（西蕃）地区的敦煌（戎州）佛法的来历及其与唐朝（大国）的异同，还不怎么了解。因为唐朝君臣此时仍然对西戎吐蕃抱有戒心，当然会对从“戎州”来的这位僧人有很多疑虑。大概经过一番接触，彦楚的诗已经多少回答了长安僧众的一些疑问：

乡邑虽然异，衔恩万国同。远朝来凤阙，归顺贺宸聪。昌暑闻莺啭，看花落晚红。辩清能击论，学富早成功。大教从西得，敷衍愿向东。今朝承圣旨，起坐沐春风。

这首诗巧妙地说明了敦煌与唐朝现在的关系，“大教从西得，敷衍愿向东”，则一方面说出敦煌佛教的来历，一方面希望敦煌佛教对唐朝复兴佛法有所帮助。另一位僧人建初的诗题作“感圣皇之化，有敦煌法师悟真上人持疏来献，因成四韵”，其中云:“鼓舞千年圣，车书万里同。褐衣持献疏，不战四夷空。”这里的疏，很可能是悟真带来的敦煌保存的某种佛经注疏。

敦煌并没有让长安的僧人失望，咸通年间归义军节度使张议潮曾不止一次送佛经注疏给唐朝中央，无疑对唐朝复兴佛法做出了贡献。一次是咸通四年三月中，西凉僧法信精研唯识之学，禀本道节度使张议潮，表进西明寺学僧乘恩的著述《百法论疏》并《钞》。敕令两街三学大德等详定，很快受到肯定，可以行用。到咸通七年七月，张议潮又借懿宗生日延庆节的机会，向朝廷进贡甘峻山青骹鹰四联、马二匹、吐蕃女子二人，并派僧昙延进《大乘百法明门论》等佛典。《大乘百法明门论》是玄奘翻译的一部小论书，是唯识宗的根本经典之一，或许是因为京城各寺因会昌灭法而欠少此经抄本，所以才有沙州奉进之举。我们知道敦煌吐蕃统治初期的高僧昙旷，就是唯识学大师。他和乘恩一样，也出身于长安西明寺，著有《大乘百法明门论开宗义记》和《大乘百法明门论开宗义决》，两书现存敦煌写本多种。我们不难想象，昙延可能也会把这两种书和《明门论》一起送到京师。

由于吐蕃统治者极力崇佛，敦煌佛教在吐蕃统治时期（786—848年）得到迅猛发展，与长安等中原地区的佛教相比，敦煌躲过了会昌毁佛的打击，佛教经论著作大量保存下来。当宣宗、懿宗重兴佛法时，归义军节度使张议潮主动把河西地区传存的论疏送到京城，无疑是对唐朝复兴佛法运动的强有力支持。

佛教文化的传播并不是单向的，也不仅仅限于官府和僧侣上层，民间的佛教文化交流也是异常丰富多彩的。比如轰动长安僧俗两界的咸通末年法门寺迎送佛骨一事，引发了晚唐时期的法门寺佛骨崇拜热潮，由此产生的文艺作品，如长诗《赞法门寺真身五十韵》（P.3445），也流传到敦煌，为敦煌的百姓所传唱吟诵。诗中唱道：

瞻礼喜成悲，伤嗟不遇师。旷因修曩劫，火寂掩俱尸。
神光分皎皎，雁塔起巍巍。弘愿无偏党，从后请不疑。
人天重敬礼，神鬼悉交驰。入海人难睹，腾波世莫窥。
供僧添圣福，称象等毫厘。铁网牵沙岸，金函出水湄。
轮王欣欲得，将帅尽忘疲。震旦国绝大，岐阳地不卑。
累朝曾出现，近代盛修持。万遍磨不磷，千回涅不缁。
任从将火试，几见焰金锤。皓色岂能并，晶光尽总亏。
真身无点黡，珪璧有瑕疵。安福楼前现，天涯海畔知。

懿宗亲礼处，君主见同时。截舌还能语，剜精复旧肥。
石光呈瑞质，木有宝灯仪。塔主重修建，檀那各舍资。
才兴运人力，早已感神祇。一夜风雷吼，五更砂石吹。
不劳人力置，自有圣贤为。海得龙王护，药叉将主司。

这里说的正是岐阳法门寺佛骨真身之灵异和历代的供奉修持，到咸通十四年懿宗恭请入京供养，僖宗即位后送真身回法门寺，并在地宫上修建佛塔的整个史事。这个重要的历史事件，在一千年后法门寺地宫重启时，又成为民众关注的焦点。

敦煌寺院的外来供养

位于丝绸之路干道上的敦煌，在归义军统治时期，开始了它的辉煌时期。统治者的大力支持，使得佛教达到鼎盛，大大小小十七座庙宇和三所石窟，迎接着东西往来的使臣、商人、僧侣的巡礼膜拜，也使得敦煌佛教寺院不仅供养物丰富，而且其中有不少外来物品。这些外来物品一方面是丝绸之路上的敦煌在物质文化交流上的成果，另一方面，也表明当地佛教教团对这些稀有珍品的保护和爱戴，这些舶来品所制造或装饰的佛像、供具、壁画等等（图69），一定较普通的佛像和绘画更加吸引民众和朝拜者，由此可以把敦煌佛教的光芒折射到四面八方。

敦煌的善男信女向寺院施舍时，往往写有施入疏，这是我们了解敦煌寺院供养情况的极佳材料，因为上面不仅有供养的物品和数量，也有供养者的名字。这些供养者有的是住在敦煌的外族后裔，他们的供养可以说是外来的供养，他们供养的物品，有的就是舶来品。

图 69　藏经洞出土佛寺供养具——佛幡

记载敦煌寺院供养情况最为丰富的资料，是各个寺院的财产账——什物历。这些什物历分类登记寺院财产，其中有外来物品，也有本地或中原的物品，虽然我们不知道这些外来的物品具体是谁施入的，但只要是舶来品，那么追本溯源，它们也可以归入外来供养物当中。

敦煌文书中还有一大批各寺的收入和支出账——入破历，也登载有某人施舍某物，不论其供养者是什么人，其中也包含了属于外来的物品。此外，还有一些书信、牒状等文书中也包含了一些重要的信息。

根据这些敦煌文书，我们可以得知归义军时期的敦煌寺院中，有吐蕃的番锦、粟特的胡锦，还有大食东末禄地区生产的织物；有带拂林（拜占庭）纹样的金花银盏，有粟特或波斯的金银器；有于阗的花毡，有西域的宝石、香料和药物等等。对于敦煌的民众来说，佛教寺庙中的外来物品，既是稀奇的，又是珍贵的。我们可以举几种敦煌文书中记录的物品，来看看这些舶来品在当年的寺院中有什么价值和意义。

于阗花毡：毡子是游牧民族和伊朗民族经常使用的织物，可以做毡帽、帐篷、坐席、鞍褥、靴子等等。于阗是操伊朗语的塞人后裔，也精于制毡。1983年—1984年和1992年—1993年，新疆考古工作者在和田山普拉墓地，发掘到一些毡制品，有毡帽、服装上的坠饰、袜、衣等，墓葬年代从前1世纪到后4世纪，但做工颇细。到隋唐五代，于阗的花毡一定更为精美，而且这种毡子保暖不透风，对于敦煌地区的僧俗民众来说非常实用。

阿难裙番锦缘：从吐鲁番出土的联珠对狮锦和传世的《步辇图》所绘禄东赞所穿朱地联珠立鸟胡锦来看，都是典型的萨珊风格的胡锦，此处的番锦与之类似，颇为珍贵。这种被称作是“番锦”或“胡锦”的织物，不论是粟特工匠织成的波斯锦或粟特锦，还是中国工匠的仿制品或出口品，它们都是充满异国情调的。我们虽然没有看到阿难裙上的番锦，但敦煌藏经洞出土的一件经帙（Ch.xlviii.001）的周边，有一圈联珠对兽纹锦（图70），十分精美，可以从中体会其他番锦或胡锦的样式和作为边饰时的用途。

十量金花银瓶子、金花银盘、银盘子、捌两半白银碗、银香炉并银师子、银金刚杵、金花陆两盏银盏拂林样、柒两弗临（拂林）银盏并底：唐代的金银器主要是波斯和粟特系统的，或者是受波斯、粟特金银器影响而产生的中国仿制品，从功能上仍可以视作广义的波斯和粟特金银器。法门寺出土了大量的金银器，说明这种贵金属制作的瓶、盏之类容器，往往被奉献给佛寺，同时，法

图 70　藏经洞出土以联珠对兽纹锦作边饰的经帙

门寺也出土了一些法器（图71）。敦煌佛寺中也同样拥有生活器皿和法器两类金银器，不过总体的质量无法和法门寺出土物媲美，而且以银器为主，但其中有两件是用拂林的样式制作的，有的学者认为是拜占庭的银杯。

图 71　法门寺地宫出土的宝珠顶单檐纯金四门塔

鍮石瓶子、新造鍮石莲花并座、新造鍮石金渡香炉并师子座具全、鍮石香宝子、鍮石盏子：鍮石即黄铜，主要产于波斯和印度，是仅次于金、银的金属材料，可以用来制作佛像和生活器皿，这两者也都见于敦煌的佛寺。这些敦煌的鍮石制品有的写作“新造”，或许是由敦煌当地的工匠制作的。

从来源上看，敦煌寺院的外来供养，琉璃瓶子应当是来自波斯、罗马等地（图72）；玉刀子把应当是于阗的产物；瑟瑟一般指天青石，主要出自今天的阿富汗，敦煌和中原内地的瑟瑟则主要来自于阗；玛瑙珠子来自吐火罗（阿富汗）和粟特康国；琥珀产于拂林，唐人则得自波斯；珊瑚主要来自波斯和狮子国（斯里兰卡）。

图 72　敦煌绢画上表现的玻璃碗

佛寺拥有的这些高档织物、金银器、宝石、香料、珍稀药材等物品，一方面具有实用价值，另一方面也带有某种象征意义。金银器、宝石往往是制作佛像的供养具的原料，丝绸等织物既可以作为金属或泥塑佛像的衣裙，也可以作为绢幡绘画的材料，香料和某些染料如胡粉，是绘制壁画或装饰佛殿时所需要的，而药材是僧人治病救人时所必不可少的。用当地没有的舶来品建造的佛像，往往会比普通的铜像或泥塑要更加吸引人们的注意，这类佛像往往被赋予某种神异，而且外来物品对于当地民众来讲比较稀奇，因而往往具有某种特殊的功能和意义。佛教寺院都着力收集外来供养物品，以吸引更多的善男信女来寺中朝拜。

往来敦煌地区的求法僧人

“安史之乱”以后，唐朝势力逐渐退出西域。唐德宗贞元六年（790年），沙门悟空从天竺回到长安之际，正是吐蕃全面占领西域之时。此后唐朝的史籍对西域、印度的记载极少，直到北宋初年，情况才有所改变。因此，传世史籍给人们一种印象，似乎晚唐五代时期中印之间的交往完全断绝了。

然而，敦煌文书资料证明，当时中印之间并未断绝往来，虽然与唐朝初年的盛况无法相比，但却为宋初大批僧人西行求法做了准备。另一方面，求法僧人留下的有关文字，也为人们探讨他们的文化水平和求法成果提供了珍贵的资料。这里举几位我们从文书材料中所见到的西行求法僧人的事迹。

后唐同光二年（924年）三月初，鄜州（今陕西富县）开元寺观音院主、临坛持律大德智严，前往印度求法，路经沙州，巡礼敦煌佛教圣地，并为后唐皇帝和沙州归义军节度使曹议金祝福。智严在他写的《沙州巡礼圣迹留后记》(S.5981，图73）中特别强调，他将来回到中国后，要往五台山供养文殊菩萨，以酬谢往来护卫之恩。在敦煌文献中，还保存有一些这位智严所用的文献抄本，其中很有意思的是S.2659，该写本纸背是用同样的笔迹抄写的《大唐西域记》卷一、《往生礼赞文》《十二光礼忏文》，最后有题记:“往西天传一卷，往西天求法沙门智严西传记写下一卷。”《往西天传》或《西传记》

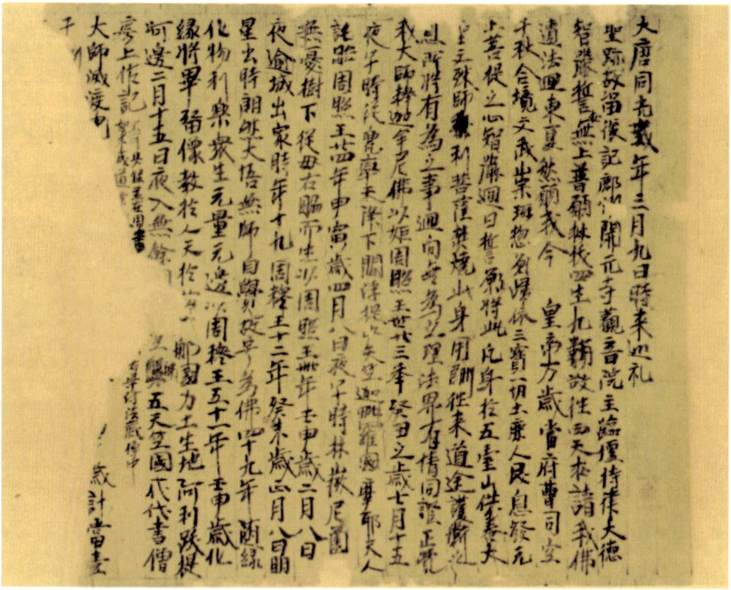

图 73　智严《沙州巡礼圣迹留后记》（S.5981）

当指玄奘的《大唐西域记》。《大唐西域记》在当时是前往印度取经求法的僧人的旅行指南。这件文书的正面，抄写的是著名的《摩尼教下部赞》与《僧羯磨》卷上，可见现在被摩尼教研究者反复探讨的《摩尼教下部赞》，实际是智严用作废纸的写本，这倒是告诉我们这个《下部赞》不是敦煌写本，而是中原地区的抄本，后来被智严用来抄写《大唐西域记》及其他文献。

上海博物馆馆藏敦煌文书第48号第28篇抄写的是《十二时普劝四众依教修行》（图74a-b），后有题记："时当同光二载三月廿三日，东方汉国鄜州观音院僧智严，俗姓张氏，往西天求法，行至沙州，依龙兴寺憩歇一两月说法，将此《十二时》来留教众，后归西天去展转写取流传者也。”又法国所藏P.2054是同光二年五月敦煌学子薛安俊抄写、信心弟子李吉顺专持念诵的《十二时普劝四众依教修行》，文末题“智严大师十二时一卷”。同样的《十二时》还有P.2714、P.3087、P.3286、俄藏F.319等抄本，可知智严的这种朗朗上口的通俗文学作品在敦煌非常流行。另外，S.4793背面，有“时当同光二载三月廿三日，东汉国鄜州观音（下缺）”的题记，说明也是智严留在敦煌的文本。

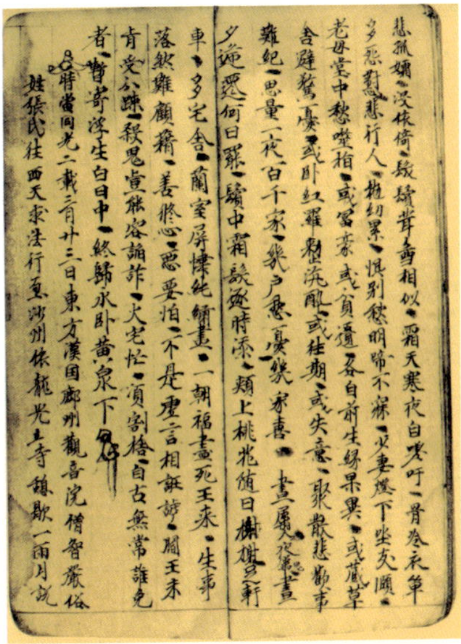

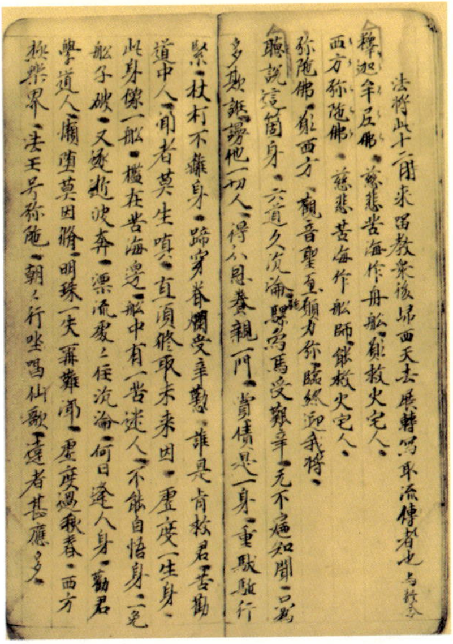

图 74a-b　上博 48 号
《十二时普劝四众依教修行》

S.529有定州（今河北定县）开元寺僧归文等的牒状六件（图75），是归文西行到达敦煌之前于途中分别寄给或在当地上给沿途所经之地的和尚、令公、评事、尚书等僧俗官人的，从中大致可以了解归文等西行求法的一些经历。同光元年（923年），归文就曾西行，但失败而归。翌年又与德全一起，不畏生死而西行，于四月二十三日到达灵州，并上书于“令公”，很可能指灵武节度使韩洙。六月以后，归文等买驼两头，登碛继续西行。值得注意的是，文书明确说明，归文之往西天取经，是奉敕旨而行的，这里透露出一个人们过去没有注意到的重要史实，即后唐庄宗曾在同光初年派遣僧人西行取经。据P.2638《清泰三年（936年）六月沙州傧司教授福集状》第49—50行记，癸巳年（933年）六月一日至丙申年(936年）六月一日出破数中，有“绵捌尺，归文寄信用”，证明在此期间，归文仍逗留在沙州。归文最后是否到达印度，以及是否返回，都没有留下记载。归文在沙州时，写《诸山圣迹志》一卷，记大唐阎浮提名山，起五台，终华山，备载名山宝刹、沿途州镇

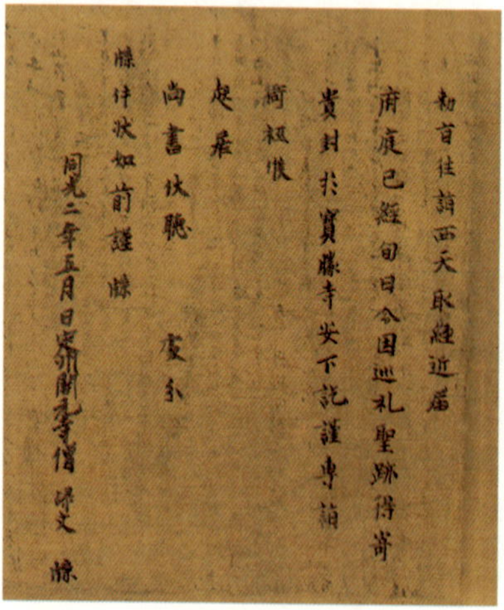

图 75　同光二年（924 年）五月定州开元寺僧归文牒（S.529）

建置、民俗、物产等，其中记五台山僧尼寺院数目颇详。

北宋乾德六年（968年）二月，北宋西天取经僧继从经过敦煌，抄《妙法莲华经赞文》，呈给归义军大王曹元忠（北新2＝BD13802举、P.2023）。据《佛祖统记》卷四三记载：“太平兴国三年（978年），开宝寺沙门继从等自西天还，献梵经、佛舍利塔、菩提树叶、孔雀尾拂，并赐紫袍。”如果没有当年敦煌归义军政府的支持和援助，继从等人的求法活动不一定能够成功而返。

除上述三人外，五代宋初经敦煌往西天取经的还有“洛京左街福先寺讲唯识百法明门论习修文殊法界观西天取经赐紫沙门”彦熙（P.2605，图76）、沙州“释门僧正沙门”善光（S.4537v，图77）、“西川善兴大寺西院法主大师”法宗（北冬字62v）、“左街内殿讲经谈论兴教法幢大师赐紫沙门”道圆（S.6264）、法坚（P.2726）、“奉宣往西天取经僧”永进（BD15387）、往西天取菩萨戒兼传授菩萨戒僧智坚（一作志坚，S.3424v、B63）、“奉宣往西天取经僧”道猷（北收字4v、北大185，图78）等，我们就不一一详说了。

与西行的中国僧人相反，五代宋初也有印度的僧人前来中原传法、翻经（图79）。宋初著名的译经师北天竺僧施护与

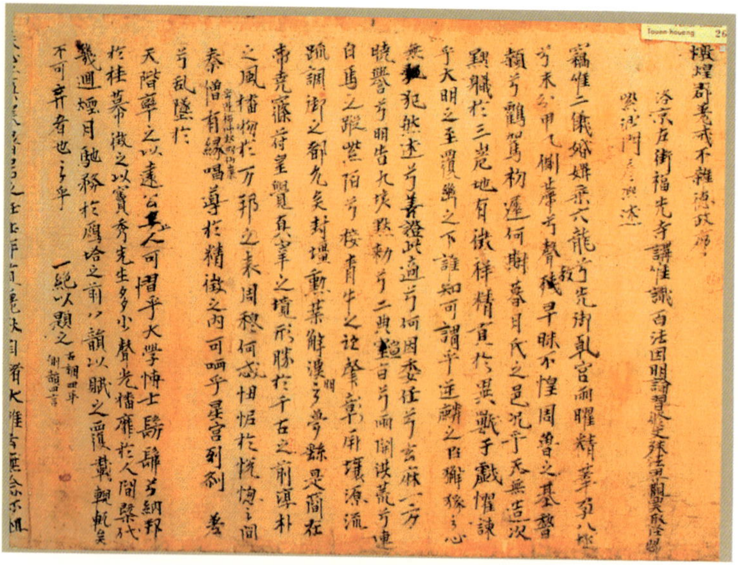

图 76　P.2605《敦煌郡羌戎不杂德政序》

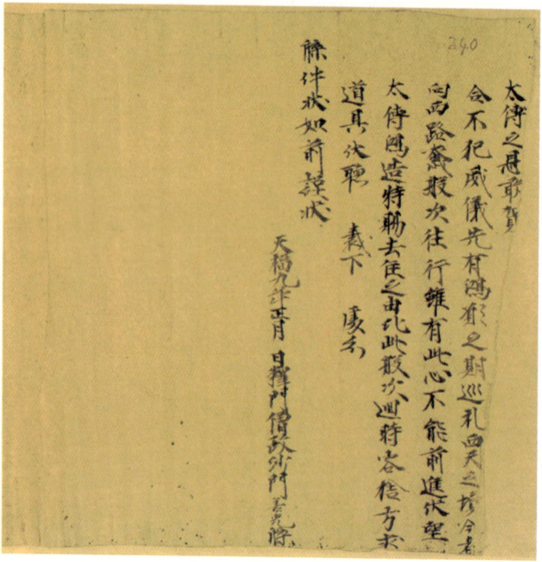

图 77　S.4537v 天福九年(944 年)正月僧政善光为巡礼西天上太傅乞公验牒

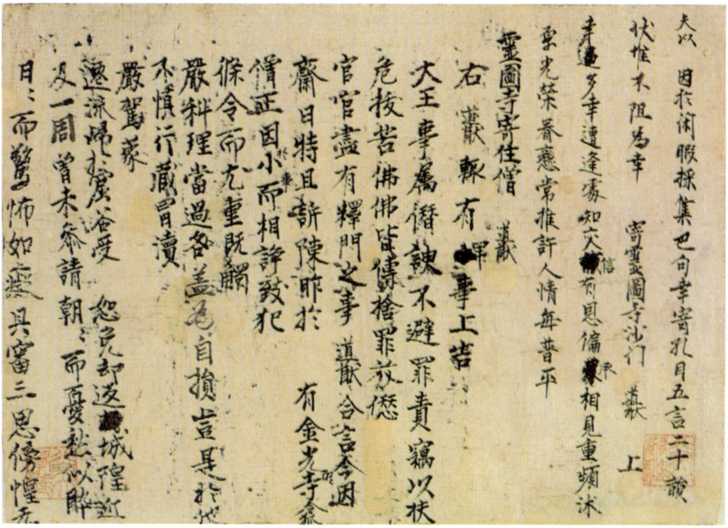

图 78　北大藏 D185 号灵图寺寄住僧道猷状牒

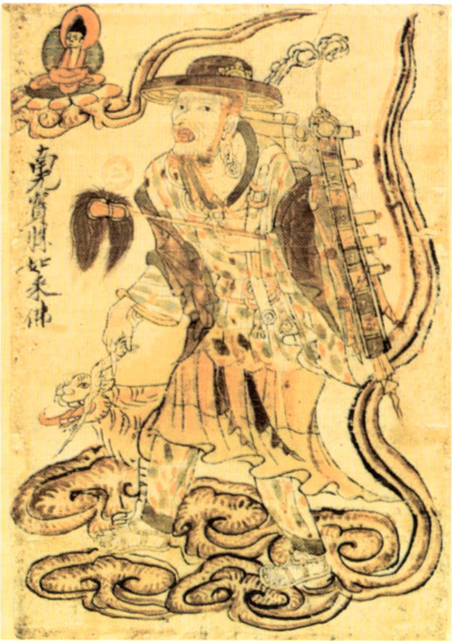

图 79　敦煌人眼中的传法梵僧形象（P.4518-39）

法贤，在雍熙二年（985年）一同来中国，在途经敦煌时，被信佛的敦煌王曹延禄延留不遣。数月后，施护等人只好乘敦煌官府不备，丢弃锡杖和瓶钵，只带着梵夹进入宋朝。此外，敦煌文书中还有印度僧人往五台山的行记等资料。

藏经洞中的多元文化色彩

9、10世纪的敦煌，迎来了又一个中外文化交往的高潮时期，也使得敦煌再次呈现出丝绸之路都市的面貌，这种由丝路而表现出来的多元文化色彩，在藏经洞封存的文献中表现得最为充分。

在中国其他地区基本已经绝迹的袄教，又频繁出现在归义军官府的入破历（收支账目）上，此时是以“赛袄”这种民间信仰的形式重新活跃起来的，但赛神的地点，仍然在原本立有袄舍的城东一里的甘泉水边。藏经洞甚至保存了一幅袄教女神像，让我们依稀见到当年赛袄的供养对象。

敦煌写本《大秦景教三威蒙度赞》的题记表明（图80），这篇赞文和后面书写的《尊经》，很可能是五代曹氏归义军时期写成的，如果是归义军当地所用的文本，则说明了基督教

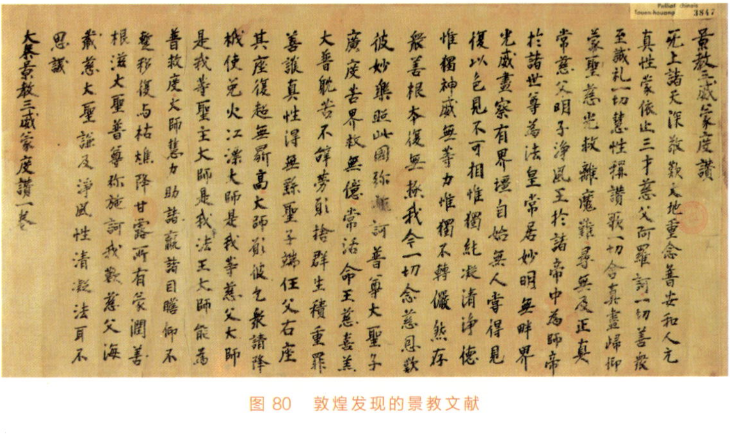

图 80　敦煌发现的景教文献

(景教) 教堂的存在。敦煌发现的从吐鲁番寄来的一封粟特文信函表明，这里的景教徒与西州回鹘的基督教牧师保持着通信交往。近年，考古工作者在莫高窟北区发现了叙利亚文的《圣经·诗篇》，为景教在敦煌的存在提供了更重要的证据。

敦煌发现的三种摩尼教经典（图81），其中一件是五代后唐时从内地带到敦煌的，虽然似乎它们早已没有人信奉，但却相对完好地保存在佛教寺院的藏书中。

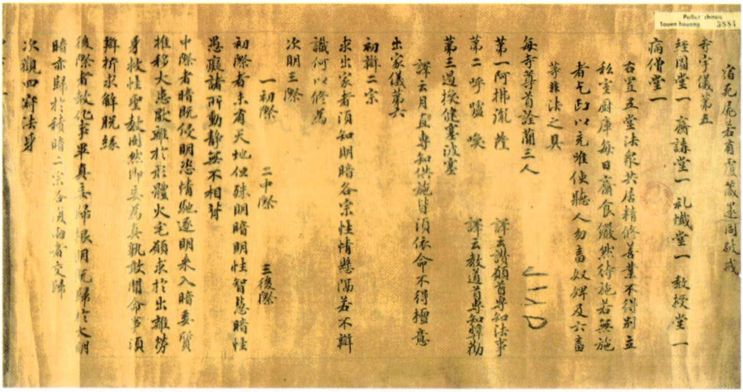

图 81　敦煌发现的摩尼教文献

封存于归义军后期的莫高窟藏经洞，原本应当是三界寺的藏书，这座不大的寺庙，却保存了如此丰富的宝藏，汇聚了各种文化因素的典籍，这可以说是当年敦煌国际都会面貌的完整展现。

敦煌在9、10世纪的中西文化交往中起了相当重要的作用，这是归义军对中国历史的贡献，也是敦煌藏经洞宝藏的文化面貌之所以如此丰富的原因。相反，原本较敦煌更具规模的国际大都会凉州（武威），就是在这两百年间衰落下去的，战乱频仍，不复昔日之盛。

10世纪中叶以后，宋王朝先后与北方的辽、西夏、金处于敌对的状态中，影响了通过陆上丝绸之路的中西交往。西夏占领瓜沙后，征发百姓去进攻宋朝，使敦煌日趋衰落。特别是南宋建都于东南的杭州，加之中国经济、文化重心的南移，海上丝绸之路更加繁盛起来，渐渐取代陆上丝路原有的作用，敦煌逐渐失去了在中西文化交往中的重要地位。

回鹘与敦煌

从西迁到建国

840年，蒙古高原的回鹘汗国发生内乱，渠长句录莫贺勾引回鹘劲敌黠戛斯，合兵十万，攻破回鹘都城，杀死可汗，称雄漠北乃至西域的回鹘汗国破灭。接近可汗牙帐的十三部拥立特勤乌介为可汗，南下归附唐朝。回鹘相驳职则拥可汗外甥庞特勤率十五部西迁，其中部分散众半路南下，经花门山进入河西走廊，而主力随庞特勤到达天山东部地区，希望在这块回鹘汗国的旧领地内求得生存和发展。随后，庞特勤在焉耆立足，号称叶护。后在安西地区称可汗，据有“碛西诸城”。此时的天山东部地区，既有原回鹘汗国的属部旧臣，也有随庞特勤而来的西迁回鹘主力部众，还有一些散在各处以盗劫为生的小族帐。

P.2962《张议潮变文》记载（图82），大中十年（856年）时，有回鹘部众与吐谷浑一起占据伊州西纳职城，并不断抄掠伊州百姓。归义军节度使张议潮于同年六月亲自率兵前往讨伐，虽然取得胜利，但并未攻克纳职城。同年冬十一月，

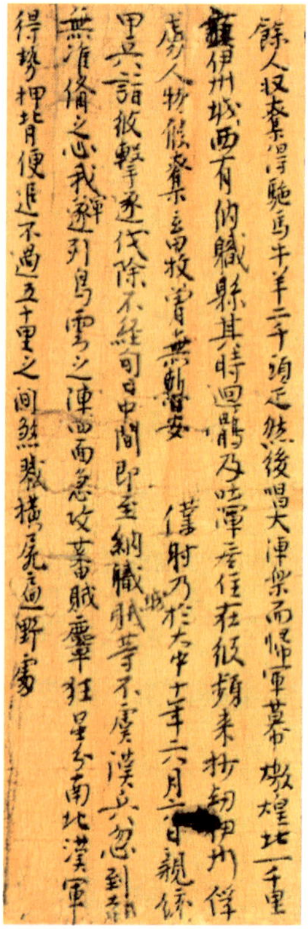

图 82　P.2962《张议潮变文》

唐朝因得知庞特勤在安西称可汗，于是派使臣王端章等往安西册庞特勤为怀建可汗。王端章等一行半路被伊州一带的“背叛回鹘”劫走了国信，无功而回。这批伊州地区的回鹘可能是西迁回鹘的零散部众，不属于焉耆的庞特勤部，所以劫夺唐朝送给庞特勤的国信，从《张议潮变文》所述来看，他们正积极向归义军的领地发展。《变文》又记：“至十一年（857年）八月五日，伊州刺史王和清差走马使至，云：有背叛回鹘五百余帐，首领翟都督等将回鹘百姓已到伊州侧。”可惜《变文》后残，不知结果如何。这些事实表明，西迁回鹘开始了对伊州的渗透，但此时伊州仍在归义军手中。

咸通七年（866年）二月，北庭地区的回鹘首领仆固俊，率部攻占东天山南北麓的西州、北庭、轮台、清镇等城，遣使者粟特人米怀玉入唐朝报捷。归义军节度使、河陇十一州观察使张议潮也得到消息，奏报唐朝朝廷。由此，仆固俊初步统一了天山地区的回鹘各部，创建了西州回鹘王国（又称高昌回鹘王国）。最初随庞特勤西迁焉耆的回鹘部众，逐渐归于仆固俊的部下，以西州为中心的回鹘王国日益壮大。

正当西州回鹘势力蒸蒸日上的时候，咸通八年张议潮奉诏入长安，被唐朝优养起来，其侄张淮深代守归义军领地，但唐朝却不给张淮深以归义军节度使的官位和旌节。此后，虽然张淮深四处出击，以求立功建节，但却一直得不到唐朝的有力支持，因而也影响了归义军在西北地区的声威和地位。

此时的归义军受到来自东西两方的回鹘势力的压力，腹背受敌，加之张淮深得不到旌节所代表的正统地位，内部也开始滋生反对的势力，可以说是处在内忧外患之中。进入河西甘州地区的回鹘势力剧增，侵夺原归义军的领地，西州回鹘也乘机东进，扩充地盘。P.5007所抄诗集的开头部分残缺，留有诗题文字如下："仆固天王乾符三年四月廿四日打破伊州（中残）录打劫酒泉后却和断（后残）。"诗文也仅存六字："为言回鹘倚凶（下残）。" 这首敦煌人写的诗歌记录了乾符三年（876年）西州回鹘攻取沙州归义军所辖伊州城的历史真相，仆固天王即仆固俊或其后继者。对于伊州的失陷，张淮深似乎没有能力采取什么积极的措施来加以挽救，因为随后张淮深迫于应付进入甘州一带的回鹘，只得对西州回鹘采取温和的态度。

据P.3569《光启三年（887年）四月归义军官酒户龙粉堆牒与押衙阴季丰牒》，可知西州回鹘在光启三年曾派出较大的一个使团出使沙州，共有三十五人，他们三月二十二日到达敦煌，逗留一个多月，于四月二十五日离开。沙州官府对这些西州回鹘使者供以酒食，做了很好的招待，临行前沙州首脑还在西衙设宴款待，这表明此时西州回鹘和归义军双方的关系是友好的。

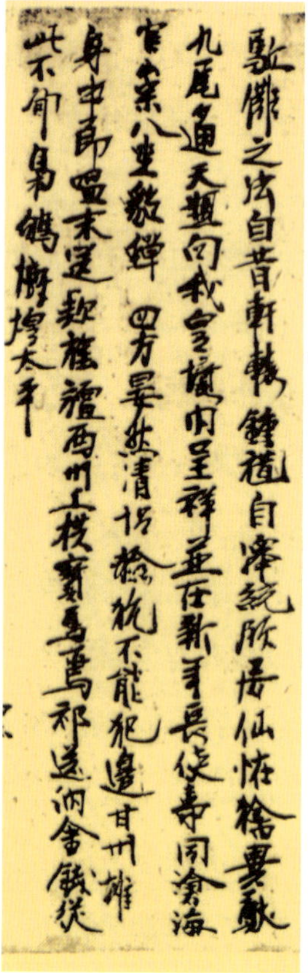

图83　P.3552《儿郎伟驱傩文》

大顺元年（890年）二月，张淮深死于沙州兵变，张淮鼎、索勋、张承奉相继任归义军节度使，大约在乾宁二年(895年）年末，敦煌的驱傩仪式上唱的一首《儿郎伟》(P.3552，图83）是这样说的：“四方宴然清帖，猃狁不能犯边。西州上拱（贡）宝马，焉祁（耆）送纳金钱。”这里显然是文学作品的夸张炫耀之词。自张淮深末期，沙州陷于内部斗争之中，削弱了本身的力量，归义军原有的城镇尚不能保有，更不可能驱使西州回鹘来贡马纳钱了。这几句颂词或许仅仅是表示沙州与西州之间存在商品交易关系而已。

唐朝灭亡后，张承奉建立金山国，自号金山白衣帝，希图占有归义军名义上所领有的十一州之地。P.3633金山国宰相张某撰《龙泉神剑歌》中唱道：

神剑新磨须使用，定疆广宇未为迟。东取河兰广武城，西取天山瀚海军。北扫燕然葱岭镇，南尽戎羌逻莎平。三军壮，甲马兴，万里横行河湟清。蕃汉精兵一万强，打却甘州坐五凉。东取黄河第三曲，南取武威及朔方。通同一个金山国，子孙分付坐敦煌。六蕃从此永归投，扑灭狼星壮斗牛。北庭今载和□□，兼获瀚海以西州。改年号，挂龙衣，筑坛拜却南郊后，始号沙州作京畿。

其中“西取天山瀚海军”“兼获瀚海以西州”等句显为夸大之词，但表现了金山国君臣争夺西州回鹘领地的愿望。从现存的敦煌文书来看，张承奉确实曾向这方面努力。S.4654《罗通达邈真赞》、P.3718(4)《阎子悦写真赞》、同卷(3)《张良真写真赞》记载，金山国时，张承奉曾派国相罗通达、应管内外都牢城使张良真等，率领一千精兵，进击伊州，企图夺回归义军早已失掉的这个西陲重镇。然而，三篇赞文对此役的结果含糊其辞，显然是因为没有达到预期的目的。敦煌发现

图 84　吐鲁番出土回鹘王像

的约925年所写的于阗语文书《钢和泰藏卷》地名部分，将伊州归入西州回鹘王国所辖诸城镇的范围之内，证明伊州并没有为归义军所得。从《钢和泰藏卷》可以看出，当时西州回鹘的统辖范围，东起伊州，西到龟兹，北面包括北庭等城镇，反映了西州回鹘王国的规模基本上已经固定下来（图84）。

甘州回鹘的创立

再来看河西地区的情形。在回鹘西迁后不久的848年，张议潮率众起义，占领瓜、沙二州，遣使上报唐朝；849年，又攻占甘、肃二州。851年，沙州使者到达长安，唐朝在沙州设归义军，以张议潮为节度使，十一州观察使。张议潮经过十年的努力，于861年赶走吐蕃守军，攻占河西重镇凉州。《张淮深碑》对此战结果称颂道:“西尽伊吾，东接灵武，得地四千余里，户口百万之家，六郡山河，宛然而旧。”所谓“六郡”，当指凉、甘、肃、瓜、沙、伊六州之地，这是归义军史上势力最盛、版图最大的时期。

遍检咸通八年以前的敦煌史料，几乎看不到回鹘进入河西的踪迹。咸通二年张议潮收复凉州后，河西走廊中的主要城镇应当在归义军的控制中。然而，咸通八年张议潮入朝不归，其侄张淮深代守归义，唐朝不予张淮深节度使旌节，又设凉州节度以分归义军势力，削弱了归义军对河西东部的控制力。

P.3451《张淮深变文》记录了867—872年间的河西史事（图85），它首次提到西迁回鹘进入河西走廊的中心地带。《变文》记：有“破残回鹘”进攻瓜州，被张淮深击败，捕获甚众。沙州表上朝廷，唐朝遣使到敦煌，尽放生擒之回鹘部众。但使者东还，刚过酒泉，又有回鹘王子领兵西来，潜于西桐海畔。张淮深再度率军西征西桐，大败回鹘。变文中称这些入侵归义军境内的回鹘为“破残回鹘”或“失乡沦落众”，清楚地表明这些回鹘是从漠北逃亡而来的回鹘散部。这些回鹘部众的活动范围，大体在瓜州东、肃州西的地域。瓜州、伊州之间有第五道相通，因此也不排除这些回鹘是来自伊州地区，他们早就是归义军的对手。

P.3720中的《张淮深造窟记》是867—872年间张淮深建造莫高窟第94窟的功德记，其中颂扬张淮深德政时说道，

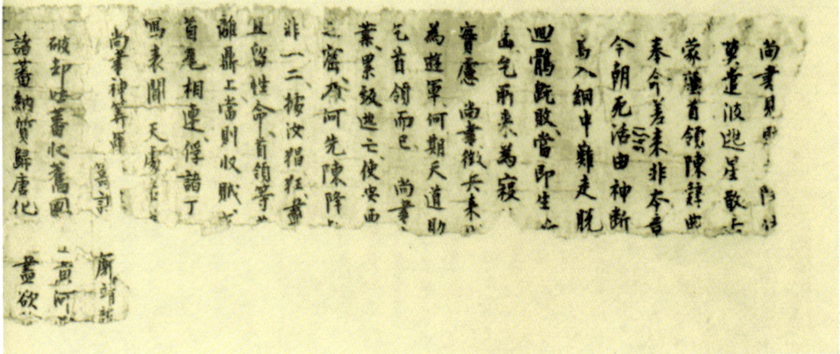

图85　P.3451《张淮深变文》

“加以河西异族狡杂，羌、龙、嗢末、退浑，数十万众，驰诚奉质，愿效军锋”，没有提到回鹘，可见河西的回鹘还没有形成一定的势力。直到中和二年（882年）沙州立的《敕河西节度兵部尚书张公德政之碑》，其颂扬张淮深的武功部分，仍是“河西创复，犹杂蕃、浑，言音不同，羌、龙、嗢末，雷威慑服”,仍无回鹘踪迹。但回鹘人很快就成为河西举足轻重的力量。

据S.2589和S.389两件《肃州防戍都状》(图86)，中和四年(884）十月下旬，占据甘州城的吐蕃、退浑、龙家、通颊等“十五家”部落，与回鹘和谈未定，有二百回鹘常在甘州左右捉道劫掠。到十一月一日，吐蕃与退浑近千人撤离甘州，退还本国。龙家代表甘州十五家残部与回鹘可汗议和，又求救于嗢末。十二月六日，归义军肃州防戍都的副使索仁安率随从二十人往东，出使回鹘，并向回鹘王进贡。九日，龙家以

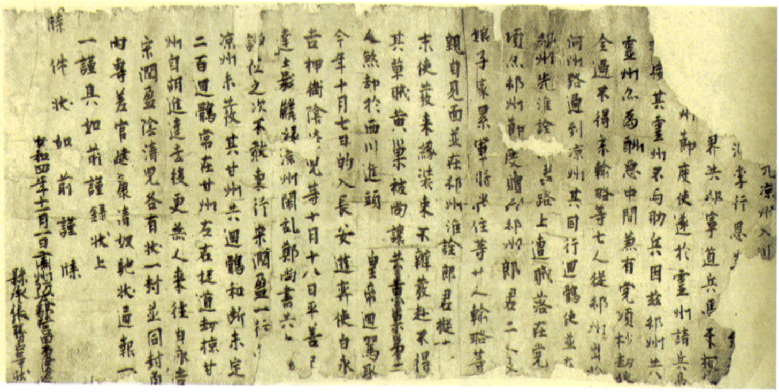

图 86　S.2589《中和四年(844 年)十一月一日肃州防戍都状》

为甘州已无粮用，率各部落二百余人退出甘州，进入肃州。由此可见，回鹘已是甘州地区一支重要的力量，不仅吐蕃、退浑、龙家这些游牧部落害怕他们，而且归义军属下的肃州兵将也要给回鹘王进贡礼品。更重要的是，这支回鹘已经有了自己的可汗，他们是独立的一支回鹘势力。龙家退出甘州以后，甘州理所当然地被回鹘占领，但此时的甘州是没有粮用的一座空城，尚未脱离捉道劫掠之游牧习俗的这支回鹘是否立刻定居城中，似还很难作肯定的回答，回鹘可汗的牙帐也未必在甘州城中，但应当在甘州范围之内，换句话说，甘州已经成为河西回鹘的中心。

光启三年（887年）十一月，沙州也迎来了“甘州回鹘”的使臣（见P.2937附断片一),“甘州回鹘”称法的出现，反映了甘州回鹘政权已经建立。张淮深执政晚期，沙州陷于张、索、李三家争权的混乱之中，这无疑为回鹘在甘州地区的发展提供了时机。上节引用的《儿郎伟》(P.3552）说:“四方宴然清帖，猃狁不能犯边。甘州雄身中节，嗢末送款旌坛。西州上拱（贡）宝马，焉祁（耆）送纳金钱。”猃狁即回鹘，这里特别讲到回鹘不能入侵，表明归义军的主要敌手已是回鹘人。甘州与嗢末、西州等并列，表明是一个独立政权无疑。

乾宁三年（896年），张承奉真正执掌了归义军政权，开始时与甘州回鹘保持正常的交往。甘州回鹘势力不断壮大，而且得到唐朝的有力支持。P.3931(39)《表本》是甘州回鹘上中原王朝的表文抄本，其中说道：“去光化年初（898—899年前后），先帝(唐昭宗）远颁册礼，及恩赐无限信币，兼许续降公主，不替懿亲。”可见甘州回鹘政权不仅得到唐朝的承认，而且唐朝还像从前对待帮忙平定“安史之乱”的回鹘汗国一样，把公主嫁给甘州回鹘可汗。S.8444是唐朝内廷的文思院回赐给甘州回鹘进贡物品的会计簿（图87a-b），其中记有甘州回鹘的天睦可汗女、达干宰相、大宰相等人进贡的物品及价格。

甘州回鹘日益强大，与归义军的关系越来越紧张。901年，回鹘曾进攻归义军领地，战火燃烧到莫高窟，一些佛窟前的楼阁被烧。910年，张承奉建立金山国，号称金山国圣文神武皇帝，与甘州回鹘展开激烈的征战。P.3633背《龙泉神剑歌》的主要内容，就是敦煌文人用文学的笔法记录金山国与甘州回鹘数次战争的情况，其中不无自我吹嘘和溢美之词，下面是一些相关的段落：

(a) 我帝威雄人未知，叱咤风云自有时。
祁连山下留名迹，破却甘州必不迟。

(b) 金风初动虏兵来，点龊干戈会将台。

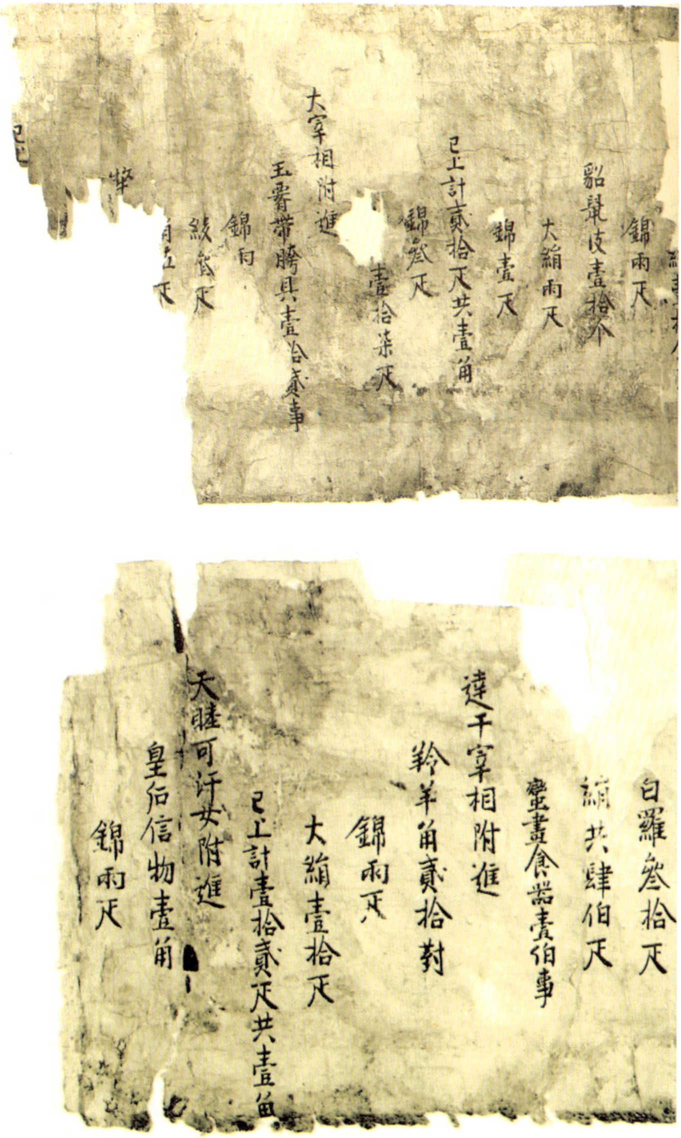

錦兩疋
貂鼠皮壹拾个
大綃兩疋
錦壹疋
已上計貳拾疋共壹角
錦叁疋
壹拾柒疋
大宰相附進
玉腰帶胯具壹合貳事
錦伍
綾叁疋
伍疋

白羅叁拾疋
綃共肆伯疋
漆畫食器壹伯事
達干宰相附進
羚羊角貳拾對
錦兩疋
大綃壹拾疋
已上計壹拾貳疋共壹角
天睦可汗女附進
皇后信物壹角
錦兩疋

图 87a-b　唐朝文思院回赐甘州回鹘进贡物品会计簿（S.8444）

战马铁衣铺雁翅，金河东岸阵云开。

(c) 募良将，拣人才，出天入地选良牧。

先锋委付浑鹞子，须向将军剑下摧。

(d) 左右冲突搏虏尘，匹马单枪阴舍人。

前冲虏阵浑穿透，一段英雄远近闻。

(e) 前日城东出战激，马步相兼一万强。

我皇亲换黄金甲，周遭尽布强沈枪。

着甲匈奴活捉得，退去丑竖剑下亡。

(f) 千渠三堡铁衣明，左绕无穷援四城。

宜秋下尾摧凶丑，当锋直入宋中丞。

(g) 内臣更有张舍人，小小年内则伏勤。

自从战伐先登阵，不惧危亡□□身。

(a) 段四句是此战的序曲，明确指出是与祁连山下的回鹘作战，对敌者是甘州回鹘。(b) 段记战争发生在“金风初动”之时，下文记回鹘第二次来侵时称“今年”，则此战应发生在910年初秋，即庚午年七月。从“来”字看，是甘州回鹘西侵，金山国列阵迎战。(c、d) 二段记金山国将领浑鹞子与阴舍人冲锋陷阵，抗击来犯之敌。(e) 段六句，记金山国天子亲率一万马步军兵，出战沙州城东。(f) 段中的千渠、无穷、宜秋都是沙州水渠名，分别位于敦煌城东、北、南三面，可知此战沙州城四面被围，因之又有宋中丞出战，他大概是金山国的鸿胪卿宋惠信，张承奉派文官出战，更说明此战之艰苦。(g）段记内臣张舍人也奉命出战，此人应即金山国左神策引驾押衙兼大内支度使张安左，虽然文句有缺，但不难理解他最后捐躯沙场了。可见，金山国虽然击退了甘州回鹘的这次西侵，但也付出了相当大的代价。

《龙泉神剑歌》接写道：

今年回鹘数侵疆，直到便桥列战场。
当锋直入阴仁贵，不使戈鋋解用枪。
堪赏给，早商量，宠拜金吾超上将，急要名声贯帝乡。
军都日日更英雄，□由东行大漠中。
短兵自有张西豹，遮收遏后与罗公。
蕃汉精兵一万强，打却甘州坐五凉。

“今年”即《神剑歌》写作的911年，知本年当中甘州回鹘不止一次侵扰敦煌，由阴仁贵、张西豹、罗通达等率军击退。

《龙泉神剑歌》最后云：

今卦明日罗公至，拗起红旌似耀尘。
今年收复甘州后，百僚舞蹈贺明君。

金山国显然无法抵挡回鹘的兵锋，所以派罗公（罗通达）入南蕃请求救兵。但金山天子张承奉对于是否能够求得救兵毫无把握，所以这里说他算卦希望救兵明天就来，使得与回鹘作战出现新的气象，从而最终打败甘州回鹘。

但罗通达入南蕃请求救兵未归之时，回鹘可汗之子狄银已于七月二十六日领兵杀到沙州城下，金山国无力抵抗，由宰相、僧中大德等出城求和，曲释罗通达入南蕃缘由，并与狄银订立了城下之盟："回鹘可汗是父，金山天子是子"，回鹘不再杀戮沙州百姓，保存沙州政权。这个过程，详细记录在P.3633正面所写《辛未年（911年）七月沙州百姓一万人上回鹘天可汗状》中。张承奉"打却甘州坐五凉"的美梦，也最终成为泡影。

甘州回鹘与瓜沙州曹氏

大约914年五月以后不久，曹议金（名仁贵）取代张承奉掌握瓜沙政权，恢复归义军建置，自署为节度留后。对于曹氏首任节度使来说，应当首先获得中原王朝的支持，而曹议金改金山国为归义军一事，正表明了他的这种愿望。此时通往中原的路上，雄踞甘州回鹘、凉州嗢末等强蕃，要想到达中原并不是一件容易的事。因此，曹议金首要的任务无疑是对付甘州回鹘和凉州嗢末。

曹议金做的第一件事，就是娶甘州回鹘天睦可汗之女，重新确立与甘州回鹘可汗的父子关系，与甘州回鹘搞好关系。贞明二年（916年）时，沙州经甘州回鹘可汗同意，遣使入朝，但在凉州一带被嗢末剽劫，未达而还。贞明四年，因凉州使臣西来，沙州再次遣使入朝，在凉州仆射的帮助下，顺利通过嗢末控制的凉州一带，成功到达梁廷，并且得到后梁的恩诏。

贞明六年（920年），甘州发生内乱，天睦可汗的两个儿子仁美和狄银，大概为了争夺汗位而相争，结果是仁美登上了可汗的宝座。但狄银在911年打败张承奉的金山国，可谓是甘州回鹘的莫大功臣，仁美之即位恐怕不为狄银所容，狄银很可能要居功夺权。据《旧五代史》记载，后唐同光二年（924年）四月，甘州回鹘权知可汗仁美派遣都督李引释迦、副使铁林、都监杨福安等六十六人入贡方物，并献善马九匹。《旧五代史》又记，六月己丑，后唐朝廷“以回鹘可汗仁美为英义可汗”。本来只是权知可汗位置的仁美，正式得到中原王朝册封为英义可汗。这对于仁美在甘州地位的稳固是很有利的。但这并未能挽救仁美的命运，同年十一月，狄银就取代仁美，登上了可汗的宝座。

大概天睦可汗去世后，甘州和沙州的关系冷淡起来。S.5139v《乙酉年（925年）六月凉州节院使押衙刘少晏状》中称（图88）：“经年余以来，甘州回鹘兵强马壮，不放凉州使人拜奉沙州。”断绝了凉州和沙州之间的往来，当然更不用说也断绝了归义军与中原王朝间的往来。同光二年四月，沙州曹议金派人间道向后唐朝廷进贡方物，包括玉三团、硇砂、羚羊角、波斯锦、茸褐、白叠、生黄、金星礬等。五月乙丑，后唐“以权知归义军留后曹议金为归义军节度使、沙州刺史、检校司空”，在甘州回鹘之前，承认了归义军节度使的地位。这对于归义军政权来说，是一个很大的支持。

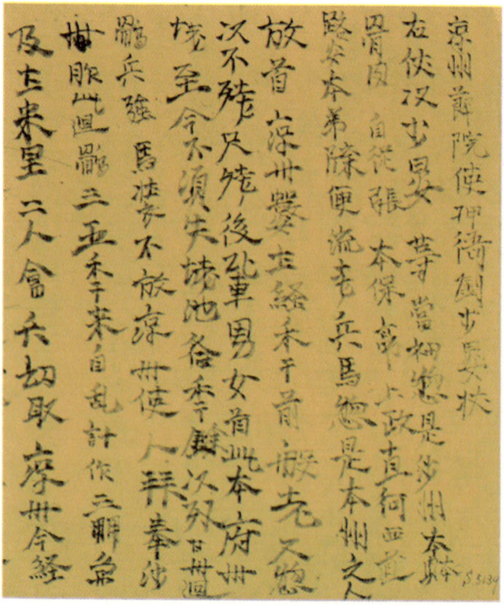

图 88　S.5139v《乙酉年（925 年）六月凉州节院使押衙刘少晏状》

甘州回鹘内乱，汗位交替，这可正是归义军可乘的时机。根据敦煌写本中一些《邈真赞》《儿郎伟》等文献的记载（图89），925—928年前后，归义军为了打通通向中原最为平直易行的河西老道，出征甘州回鹘。远征军由节度使曹议金亲自统领，其下有内外诸司马步军都指挥使罗盈达、节度押衙兼右马步都押衙张保山、内亲从都头守常乐县令阴善雄、节度押衙兼右二将头浑子盈、节度押衙张明集，以及李绍宗、薛善通等文臣武将。战争的第一阶段是攻打酒泉城，浑子盈战死于城下，归义军出师不利，但还是攻打到了甘州回鹘的心脏张掖城。虽然归义军取得了胜利，但并没有占领甘州之地。这次远征基本上达到了归义军的预期目的，即打通了经甘、

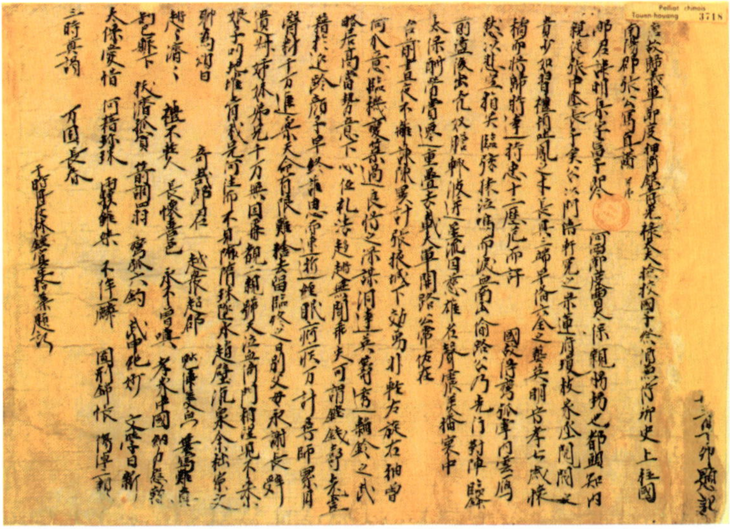

图 89　P.3718《唐故归义军南阳郡张公写真赞并序》

肃二州前往中原的河西旧路，因而随即有张保山等沙州使臣入贡中原，凉州的故吏也能拜奉沙州使府，中原王朝的使者也来到敦煌。

P.3270《儿郎伟》第五首对这次出征有比较详细的文学式描写：

敦煌神沙福地，贤圣助于天威。河西是汉家旧地，中隘猃狁安居。数年闭塞东路，恰似小水之鱼。今遇明王利化，再开河陇道衢。太保神威发愤，遂便点集兵衣。略点精兵十万，各个尽擐铁衣。直至甘州城下，回鹘藏举无处。走入楼上乞命，逆者入火焚尸。大段披发投告，放命安于城池。已后勿愁东路，便是舜日尧时。内使新降西塞，天子慰曲名师。向西直至于阗，纳贡献玉琉璃。四方总皆跪伏，只是不绝汉仪。

猃狁是回鹘的代称，此处专指定居河西中部之甘州回鹘。他们“闭塞东路”，不让归义军使人通过河西旧路东去中原。“明王利化”，应指新立的后唐庄宗政治清明，归义军希望借此时机使沙州与中原再次沟通。于是太保曹议金发愤，率领精兵十万，进攻甘州回鹘。“十万”精兵显系夸张。战争的结果是使中原的使臣（内使）得以亲临沙州，甚至还要远到于阗。

归义军此次出征甘州回鹘的胜利，还改变了以往的甘、沙关系格局，曹议金与回鹘众宰相相约，结为父子之分，归义军节度使曹议金是父，甘州回鹘可汗（可能是阿咄欲）为子。P.3500《歌谣》称颂太保（曹议金）时说：“甘州可汗亲降使，情愿与作阿耶儿。汉路当日无停滞，这回来往亦无虞。”就是说太保迫使甘州可汗遣使到沙州，愿作太保之子，并且河西通往汉地的道路因此往来无滞。敦煌莫高窟第61窟，即曹议金子曹元忠开的功德窟中，有“姐甘州圣天可汗天公主”供养人像，曹议金的这个女儿大概就是嫁给阿咄欲的，这样，曹议金就成为名正言顺的甘州回鹘可汗的岳父了。《新五代史·

回鹘传》载:“同光四年(926年),狄银卒,阿咄欲立。”狄银之死当在同光三年,这有可能是归义军攻打甘州的另一结果。

曹议金在征服甘州后马上派出两批带着大量奇珍异材的使团前往中原,表明了位于丝绸之路上的沙州归义军政权极希望与中原王朝进行贸易的愿望,其出兵甘州,还应具有争夺丝路上中转贸易权的意义。

史载天成三年(928年)二月,甘州回鹘权知可汗仁裕遣都督李阿山等一百二十人入贡。后唐明宗召对于崇元殿,赐物有差。其年三月,命使册仁裕为顺化可汗。长兴元年(930年)夏秋,曹议金亲访甘州,与顺化可汗商议两国间的社稷大事,并确定双方为兄弟关系,而后双方遣使入贡后唐。由于曹议金与顺化可汗建立了比较友好的兄弟关系,此后几年,沙州使者经常前往中原而不受阻隔。

清泰二年(935年),曹议金去世,这对甘、沙关系产生了影响。同年就有归义军使臣出使甘州,破散而归。继任归义军节度使的曹元德曾率军出征甘州,很可能是想打通道路,但没有成功。以后数年仍不见沙州往中原遣使的记载,甘州回鹘入贡中原的使团却没有中断。如:“天福三年(938年)三月,回鹘可汗王仁美进野马、独峰驼、玉团、硇砂等方物。”

天福四年三月，“又遣都督拽里敦来朝，兼贡方物。其月，命卫尉卿邢德昭持节就册为奉化可汗。五年正月，遣都督石海金等来贡良马百驷，并白玉团、白玉鞍辔等，谢其册封”。

天福七年秋冬之际，册封于阗王的后晋使臣张匡邺等人与于阗使刘再升一起入朝，继曹元德任归义军节度使的曹元深也乘机遣使随之进贡后晋。十二月丙子，在隔绝数年之后，沙州使者重新到达中原王朝。为了使这批使者顺利回到敦煌，曹元深派遣僧政庆福、都头王通信等一行，充使到甘州，致信甘州回鹘众宰相，希望通过他们说动可汗天子，放沙州使人顺利归还，后晋赐曹元深太傅官、赐元深父兄官的旌节官告国信使的到来，表明庆福等出使甘州获得成功。曹元深在944年去世，他的统治时间虽短，却用通使而不是兵戎相见的方式处理与甘州回鹘间的事宜，也为此后曹元忠时期的甘、沙关系定了基调。

曹元忠时期（944—974年），归义军与甘州回鹘一直保持交往，虽然归义军的东部边镇常常受到回鹘的侵袭，但双方的关系并没有交恶。962年前后，曹元忠与甘州回鹘可汗结为兄弟，更加促进甘、沙之间的交往。敦煌文书中关于这一时期双方交往的记录很多，不能一一列举，如敦煌研究院藏卷和P.2629缀合的《乾德二年（964年）归义军衙内酒破历》(图

90)，就是归义军供给甘州使者用酒的记录，这一年从正月到八月，有两组甘州使人逗留敦煌，受到归义军官府的热情款待，衙内长官曾多次设宴招待。

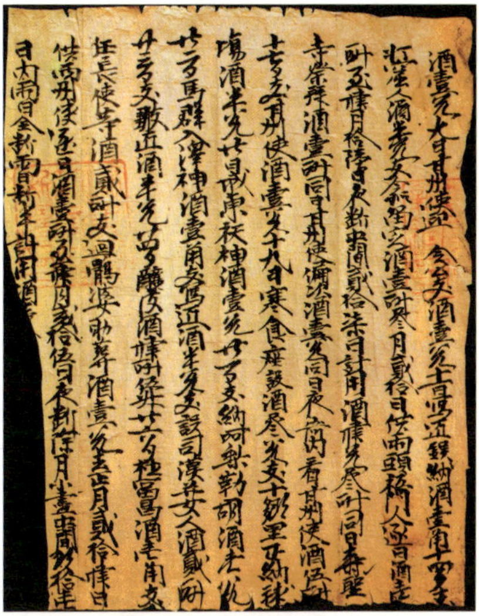

图 90　敦煌研究院藏卷《乾德二年（964 年）归义军衙内酒破历》

开宝二年（969年）十一月，灵武节度使囚系回鹘入贡使者，因此以后数年甘州回鹘不复入贡宋朝，宋代史籍中也不见归义军的踪影，表明归义军与甘州回鹘采用了同样的对外方针。到太平兴国二年（977年）冬，宋朝“遣殿直张璨赍诏谕甘、沙州回鹘可汗外甥，赐以器币，招致名马美玉，以备车骑琮璜之用”。在此时宋朝人眼里，沙州和甘州回鹘是一个政权。《续资治通鉴长编》卷二一记:“太平兴国五年闰三月辛未，甘、沙州回鹘遣使贡方物。”此后《辽史》中亦有“沙州回鹘”名，但从敦煌文书看，曹氏归义军政权一直延续到11世纪初叶。

关于“沙州回鹘”的问题，目前学术界还没有统一的看法，他们到底是中原史家对于甘州、沙州一同遣使朝贡而产生的误读，还是11世纪早期沙州本地存在的回鹘人集团，甚或是随着西州回鹘势力的东向发展，西回鹘王国控制了晚期的归义军政权，由于文献的缺乏，还不能得出肯定的结论。一些学者坚信有一个“沙州回鹘王国”，他们的一个主要根据是敦煌西千佛洞第16窟中的回鹘装供养人像（图91），有“回鹘可汗”的题记。我曾经两次走访该窟，清楚地看到这条题记实际上是当代著名画家张大千写在供养人像旁边原有的题记框中的，不能直接当作沙州有回鹘可汗的证据。

图 91　敦煌西千佛洞第 16 窟中的回鹘装供养人像

西州、敦煌间的使者往来与变文讲唱

上面第一节介绍了西州回鹘的建立和到11世纪初的发展历程。

在敦煌方面，914年，张承奉的金山国结束，曹氏继为归义军节度使。在大约925年修建的敦煌莫高窟第98窟中，节度使曹议金的题衔是“河西陇右伊西庭楼兰金满等州节度使”，其中的“伊、西、庭、楼兰、金满”都是张承奉时进攻过的地方，可以看作是金山国时期军事行动所遗留下来的痕迹。但对于曹氏归义军节度使来说，这纯属虚名而已，丝毫不表示他对这些地区拥有控制权，曹氏归义军仅保有瓜沙二州六镇之地。整个曹氏归义军时期，其与西州回鹘王国之间，始终保持良好的关系。

敦煌写本中的雇驼、贷绢类契约，往往间接记录了沙州使者前往西州、伊州的情况。沙州使者行前往往要雇骆驼，以便翻越沙碛，长途跋涉。另外，他们行前经常借贷绢丝，以便在执行政治和外交使命之外，做一些丝绢买卖，因为直到10世纪，汉地的丝绢仍是西北各族人民喜爱的物产。

而沙州官府、寺院的入破历账单，则多有西州、伊州使者在敦煌受到款待的记录。如前面提到的敦煌研究院藏卷与P.2629缀合的《归义军官府酒破历》,就记载了乾德二年（964年）正月二十四日，西州使至敦煌，四月二十五日返回。五月十八日，伊州使至敦煌，二十一日，归义军官府于南城设宴招待伊州使者。二十五日，归义军长官看望伊州使者。十月八日，又有伊州使至敦煌，归义军官府于十日、十四日，两次宴请伊州来使。

双方担任使者的人员都各不相同，有时是由官吏充使，甚至西州可汗子弟特勤也曾作为使臣来到沙州。沙州所遣使人则有节度押衙、兵马使和一般百姓。其中值得注意的是双方都曾派僧人出使，这实际是中古佛教诸王国间交往的通例，10世纪西北各地方政权间更是如此。使团的规模，可以举P.2988 + P.2909回鹘文写本西州回鹘使臣在敦煌所写的发愿文(图92a-b),其中依次为tangri taβngac xan“圣天桃花石汗”、tangri uyur xan“圣天回鹘汗”、沙州之tangri taypu bag“圣天太傅匐”等祝福。沙州太傅必指10世纪曹氏归义军节度使中某人无疑。这批使臣中有吐鲁番的安姓粟特人(turpan-li

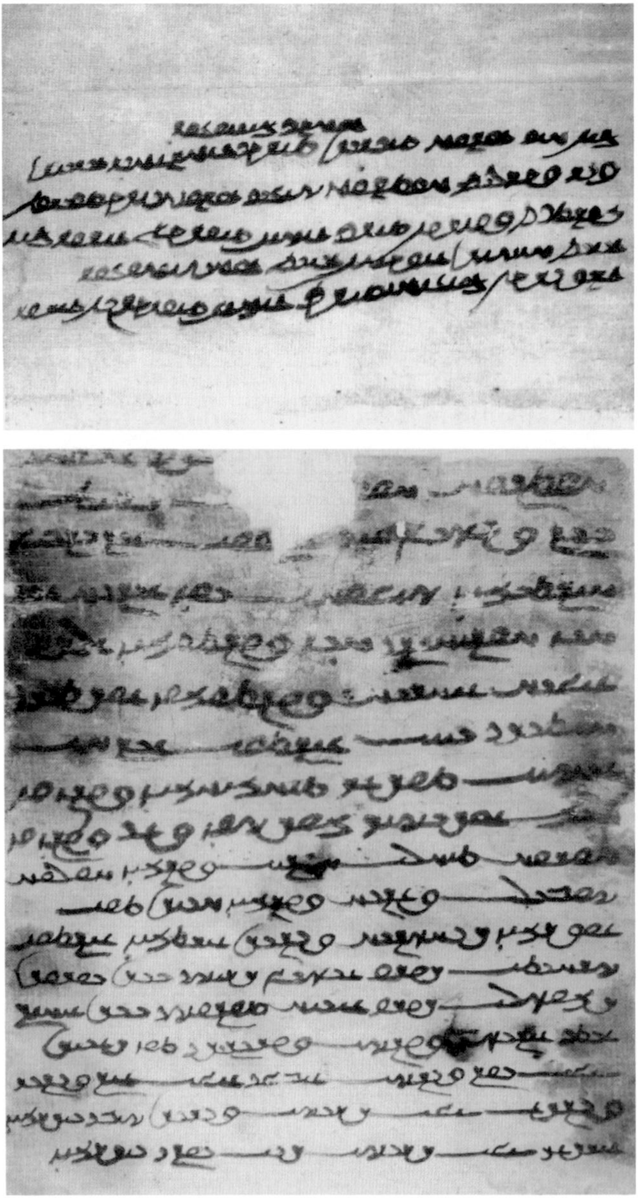

图 92a-b　回鹘文写本 P.2988 + P.2909 西州回鹘使臣在敦煌所写的发愿文

An enai),还有许多高级官吏，如都督(totoq)、地略(tirak)、将军(sangun)、啜(cor)、刺史(cigsi)、特勤(tegin)等，可见这个使团之庞大。

从敦煌到西州的道路有三条，即直通西州的大海道和经过伊州的矛肖竿道及莫贺延道（又称第五道),此时主要应走后两道。沙碛中有贼人出没，因此往来使人有被劫持的危险，甚者殒命他乡。文书中没有直接记录双方使节出使的目的，推测应当主要是政治、外交和商业贸易。但是，一些有文化的僧人充作使者往来于两地之间，表明敦煌和西州回鹘之间，一定存在密切的文化交往。

吐鲁番盆地和焉耆、龟兹等地，自古以来就是西域佛教文化的中心，西迁回鹘占据天山东部地区后，受当地强大的佛教文化的感染，逐渐把佛教当作正统的宗教，大力加以扶植(图93)。10世纪初，西州回鹘已在天山东部地区站稳脚跟，疆域的固定，战事的减少，使当地的佛教文化得以迅速发展，佛教典籍也开始大量地被译成回鹘文了。

回鹘人到来之前的焉耆、龟兹和吐鲁番地区，除了传统的梵文佛典之外，主要流行所谓“吐火罗语”和汉语所写的佛典(图94)。目前学界公认的属于最早期的回鹘文佛典，即敦

图 93　北庭西大寺回鹘可汗供养像

煌发现的《天地八阳神咒经》(Or.8212-104) 和吐鲁番胜金口发现的《弥勒会见记》，就是分别译自汉语和吐火罗语A方言。可以说，吐火罗语佛典和汉语佛典是回鹘语佛典的主要来源，当然，这并不是说没有译自梵文、藏文、于阗文、粟特文的例证。

作为西州回鹘佛教文献来源之一的汉文佛典，其来历主要有三个途径。第一是原在高昌郡、高昌王国和唐西州时期陆续写成的佛典。这些佛典作为寺院的图书，应当一直保存到西州回鹘时期。北宋初王延德的《使高昌记》称，当地有“佛寺五十余区，皆唐朝所赐额。寺中有《大藏经》《唐韵》《玉篇》《经音》等”。第二是中原王朝送来的汉文佛典。如熙宁元

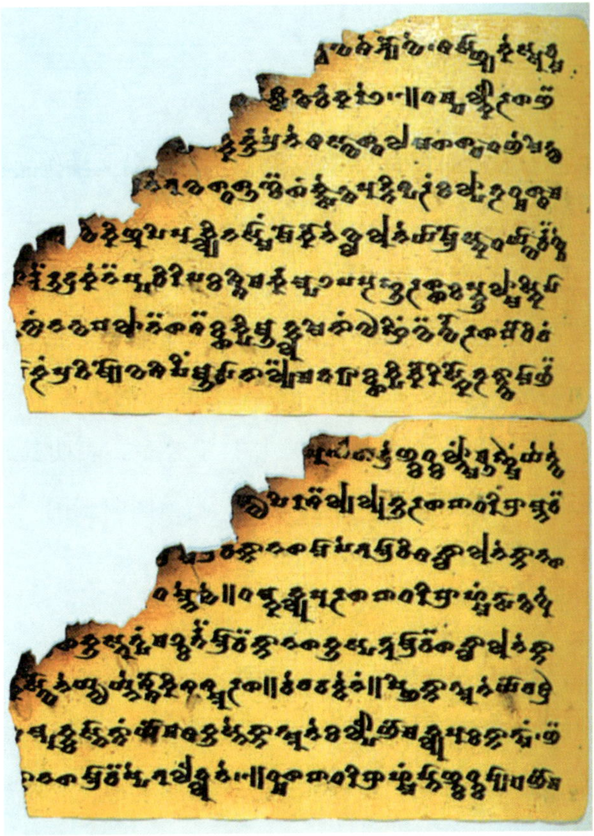

图 94　焉耆发现的吐火罗文《弥勒会见记》剧本

年（1068年）七月，西州回鹘可汗遣使朝贡，并乞买金字《大般若经》，宋朝准给。第三当来自敦煌，如英国博物馆藏敦煌写本Ch.00207《乾德四年（966年）归义军节度使曹元忠夫妇修功德记》,其中说:“大王窟内，抄写《大佛名经》文，一十七寺之中，每寺各施一部。内擿一部，发遣西州。所欠《佛名》，誓愿写毕。”说的是归义军首脑在请人抄写《佛名经》时，特别为西州回鹘抄写一部，并遣使送去，以补西州《大藏经》所欠《佛名》。

除了正统的佛经外，两地通俗的佛教讲唱文学作品也交互影响。

在西州回鹘王国范围内的吐鲁番和哈密两地，都曾发现从吐火罗文《弥勒会见记》剧本翻译而来的回鹘语文本《弥勒会见记》（图95），保存下来的残片数量较多，表明其颇为流行。德国突厥语权威葛玛丽教授在《高昌回鹘王国》一书中写道：

在古突厥语（即回鹘语）译本中，《弥勒会见记》是戏剧艺术的开端。在正月十五日这个公众节日里，信徒们聚集在寺院里礼拜圣地。他们忏悔罪过，奉献物质的、精神的或是象征性的东西，举行拯救亡灵的宗教仪式。晚上，他们聆听

图 95　回鹘文《弥勒会见记》抄本

教诲性的故事，或者高兴地观看展示的图画，欣赏颇富才华的哑剧演员和朗诵者在按照各自不同的角色，演出一些像《弥勒会见记》一类的作品，或是听法师与弟子们之间的学术交谈。

西州回鹘王国节日里举行的这种戏剧表演，一定也会吸引当时经常来访的沙州使人，具有变文讲唱传统的敦煌人，对此也一定乐而忘返。

以敦煌变文和讲经文为代表的通俗叙事文学作品和变文讲唱的活动，对于从西州回鹘王国来访的使人，也应不无感染。在两地相似的佛教文化背景下，沙州和西州之间讲唱文学作品的交流是不可避免的。P.3051正面，写有变文作品《频婆娑罗王后宫綵女功德意供养塔生天因缘变》(图96)，尾部题记作:“维大周广顺三年癸丑岁（953年）四月廿日，三界寺禅僧法保自手写记。”同号写本的背是《丙辰年（956年）三月二十三日三界寺僧法宝贷绢契》，说明这一年沙州僧法宝（即法保）曾出使西州。可以设想，法宝很可能带着这篇变文前往西州，这不由得使我们联想起梅维恒教授根据敦煌白画所谓“玄奘图”，指出的那种身背一卷卷图文而到处讲经的“巡行变文讲唱者”。从变文后法宝的祈愿文称“自手写记”来看，法宝可能就是这样一位巡行变文讲唱者，他在沙州与西州讲唱文学交流中，扮演着重要的角色。

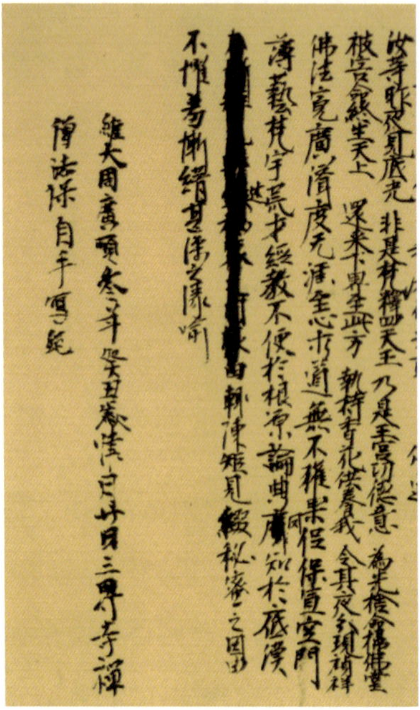

图 96　P.3051《频婆娑罗王后宫綵女功德意供养塔生天因缘变》

至于从西州传到沙州的讲唱文学作品，在敦煌写本中也有一个很好的例证，即S.6551《佛说阿弥陀经讲经文》。这是一位西行求法中途折返的汉族和尚，在西州回鹘王国内讲经时所写的文本。这篇讲经文的散韵相间连续讲说的方法，与一般敦煌讲经文、变文不同，而和吐火罗文《弥勒会见记》剧本的散韵相间的方式相似。可见，西州境内存在与敦煌同样的俗讲活动；而且西州的讲唱文学作品也曾传到敦煌，并且一定会影响到那里的民俗文艺的发展。

此外，敦煌藏经洞还出土了一些回鹘文和突厥化的粟特语文书，有一些是从西州回鹘寄到敦煌的信件，或回鹘商人在沙州写的账单，或回鹘人携来的宗教文献，有的是佛教的，也有的是摩尼教的内容，还有景教徒的通信。这些文书既是西州回鹘宗教信仰的反映，也是两地文化交流的结果。文化交流促进了西州回鹘的多元文化发展，我们在吐鲁番发现了大量的佛教、摩尼教、景教文献的写本和图像（图97a-d），说明了高昌回鹘时代是回鹘文化最为昌盛的时期。

图 97a　吐鲁番出土回鹘文佛教本生故事

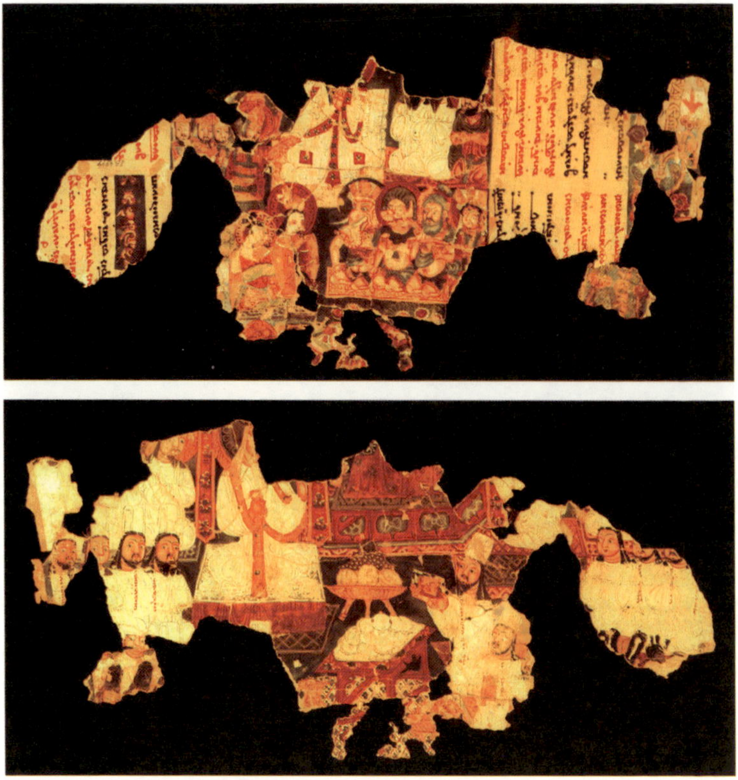

图 97b　吐鲁番出土摩尼教文献

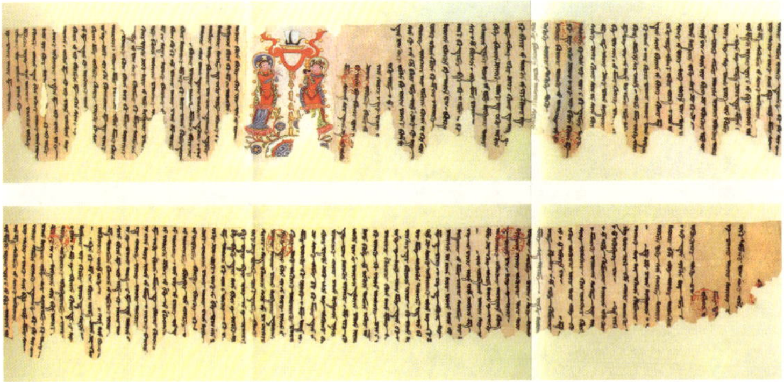

图 97c　吐鲁番出土摩尼教徒的书信

图 97d　吐鲁番出土叙利亚文景教写本

于阗与沙州

1006年于阗灭于黑汗王朝以后，于阗尉迟氏王朝用属于中古伊朗语的于阗语所写的文献完全为流沙掩埋，而中原流传下来的汉文史料所记10世纪的沙州和于阗交往史又极为有限。相对而言，敦煌藏经洞出土的汉、藏、于阗文写卷中，有不少反映10世纪沙州和于阗交往史的珍贵史料。

大宝于阗国

于阗位于塔里木盆地南沿，是汉唐时的西域强国。658年，整个西域的宗主权从西突厥转移到唐朝手中，于阗一方面保持王国的体制，另一方面又成为唐朝的安西都护府下属的一个羁縻都督府。“安史之乱”后，于阗王尉迟胜率五千兵入中原赴难，安西节度使辖下的劲旅也入内地勤王，吐蕃乘机占领河西陇右，切断唐朝与安西的联系。790年吐蕃与漠北回鹘的北庭争夺战后，战火逐渐蔓延到天山南部的安西四镇地区。安西守军和地方王国武装坚守阵地，与吐蕃对抗，然而因为得不到唐朝的后援，节节败退，最终大概在9世纪的初叶，于阗最后落蕃。而西域北道则经过激烈争夺，最终为漠北回鹘汗国所有。吐蕃与回鹘以塔里木盆地为界，分别占有西域之地。

吐蕃和唐朝一样，并没有断绝于阗的王统，于阗王国旧有的社会秩序没有太大的改变，吐蕃只是把这里设立为一个军镇，纳入到整个吐蕃帝国的镇防体制当中。迄今屹立在和田河西岸麻札塔格山顶的唐朝神山堡（图98），此时变成吐蕃的戍堡，把守着沿和田河南下的道路，严防北方回鹘人的进犯。

图 98　唐代于阗神山堡现状

于阗何时从吐蕃的统治下独立，目前还没有明确的记录，估计应当在9世纪中叶，与沙州张议潮起义的时间（848年）相距不远。偏处塔里木盆地南沿的于阗，已经不在中原史家视力所及的范围，而归义军政权的张氏时期，主要是经营东面的河西一道，对付吐蕃残部和西迁而来的回鹘，和西方的于阗似乎也没有什么联络。

目前所见于阗与沙州的首次交往记录是敦煌文书P.4640

背《己未至辛酉年（899—901年）归义军军资库司布纸破用历》，其中辛酉年三月项下："十二日，又都押衙罗通达传〔处分〕，支与于阗使梁明明等一行细纸壹束捌帖。"就是说在辛酉年（901年）三月十二日，由归义军都押衙罗通达传节度使令，供给于阗来的使者梁明明等一行人细纸一束八帖。大概因为梁明明一行是首次来敦煌的于阗使人，所以归义军文人创作《谒金门·开于阗》(S.4359）一曲，来歌颂此事，曲子词唱道：

开于阗，绵绫家家总满。奉戏生龙及玉碗，将来百姓看。尚书座客典（殿），四塞休征罢战。但阿郎千秋岁，甘州他自离乱。

这里憧憬着归义军开始与于阗往来以后的种种好处，绵绫、玉碗纷纷而来，尚书张承奉稳坐节度使宝座，敦煌四面获得安宁，同时，对于与归义军处在敌对状态的甘州回鹘，则诅咒它内部离乱。

自901年以降，于阗与沙州的使者来往不绝。912年，尉迟僧乌波（Viśa’ Sambhava）即位为于阗王，自称唐朝的宗属，号"李圣天"，年号"同庆"。李圣天的治国方针，显然是和中原靠近，而作为中原王朝在西北地区的代表——沙州归义军政权，则必然成为他首要的联系对象。我们从残缺不全的敦煌文书中，仍可以看到于阗和沙州之间的交往日益密切起来的记录。贞明六年（920年）六月十三日，沙州客将张幸端出使于阗（P.2161-1）。同光三年（925年）二至四月，于阗使来沙州，做佛事功德（钢和泰藏卷于阗文部分）。长兴二年（931年），沙州僧政范海印出使于阗（P.3718-2）。同年，归义军押衙氾润宁、武达儿、阴员住等充使往于阗（P.4638）。长兴四年（933年）十月，于阗宰相来沙州（P.2704）。

于阗与敦煌关系日益紧密的结果，就是934年于阗国王李圣天娶归义军节度使曹议金女为皇后一事。据P.2998写卷背面第1、2叶之间的回鹘文残文书中说道："吉年佳时……马岁（934年）五月，我等金国（于阗国）使者到来沙州，乞得百（?）王之女为〔皇〕偶。我等已获聘此女。"表明这一年的五月，于阗使者来到沙州，成功地求得了曹氏大王的女儿下嫁于阗。而据P.4700《阴家小娘子荣亲客目》文书，五月十五日，沙州由阴家小娘子出面，为庆祝于阗李氏与敦煌曹氏联姻，举行了规模盛大的喜庆宴会，曹议金女以皇后的身份列在荣亲客目当中。随后，曹议金女由马军武达儿等护送到于阗。和亲本是唐朝天可汗用以羁縻控制周边民族的固有形式，被看作是唐朝文化的标识之一。曹议金利用这次和亲，提高了归义军政权在西北民族中的地位；李圣天利用这次和亲，建立了与沙州汉人政权的密切关系，并且进而沟通了与中原王朝的联系。这种对双方都有利的和亲关系，得到了双方的认同。935年，曹议金去世，其子曹元德继任归义军节度使，他当然仍然惦念远嫁于阗的姊妹。清泰三年（936年），沙州遣使于阗，寄上于阗皇后楼机绫一疋，就是曹元德送给姊妹的礼物。同年，也有于阗僧来到沙州（P.2638）。

与此同时，李圣天也进而与中原王朝取得联系。开始时，他利用佛教外交，于同光年间（923—926年）派僧人来到后唐，正巧后唐庄宗和皇后刘氏都佞佛，对于这位来自于阗的胡僧，庄宗亲率皇后及诸子迎拜之。胡僧出游五台山时，庄宗遣内廷的中使供应一切，“所至倾动城邑”（《新五代史》卷一四《皇后刘氏传》）。后晋天福二年（937年）十一月，也有于阗僧曼哥罗赞尝罗来到中原王朝（《册府元龟》卷七七）。到天福三年（938年）九月，李圣天派遣进奉使马继荣、副使张载通、监使吴顺规等入贡于晋。十月，后晋册封于阗国王李圣天为大宝于阗国王，派册封使张匡邺、高居诲等一行前往于阗，颁行册礼。册封制书说：“于阗王李圣天境控西陲，心驰北阙，顷属前朝多事，久阻来庭，今当宝历开基，乃勤述职，请备属籍，宜降册封，将引来达之恩，俾乐无为之化，宜册封为大宝于阗国王，仍令所司择日备礼册令。”（《册府元龟》卷九六五）

李圣天被后晋册封为大宝于阗国王，不仅仅是于阗王国的盛事，而且也是与之联姻的曹氏归义军的喜事，并且给沙州归义军带来了实际的好处。大约在940年重绘的敦煌莫高窟第98窟东壁第一身供养人像题名为（图99）：“大朝大宝于阗国大政大明天……”第二身题名为：“大朝大于阗国大政大明天册全封至孝皇帝天皇后曹氏一心供养。”第一身是李圣天，第

图 99　莫高窟第 98 窟于阗王李圣天及曹氏夫人供养像

二身就是他的皇后、第98窟的窟主曹议金的女儿。此时距同光三年六月前后第98窟的建成时间已经过去相当一段时间，继曹元德任归义军节度使的曹元深之所以涂去其他的供养人像，而把李圣天夫妇高大的供养人像绘制在门口显著的位置，应当就是为了庆贺李圣天获得大宝于阗国王的称号，而其姊妹曹氏则成为大宝于阗国的王后。正像其他西北地区政权的做法一样，中原王朝的一纸册封令，会被地方政权巧妙地利用、提升，于是我们在第98窟供养人题记上，看到的就不是于阗国王和王后，而是更高一层的于阗国天子皇帝和于阗国皇后了。

天福七年（942年）十一月，于阗使都督刘再升陪同后晋使臣张匡邺等返回中原的途中到达敦煌，沙州曹元深、瓜州曹元忠都派遣使者与之一同归朝，以便打通多年来被甘州回鹘阻隔的境地。曹元深还请僧念经三日，祈求沙州专使可以到达中朝(P.4046)。十二月，后晋及于阗、沙州使安全地抵达晋廷。随后，曹元深果然盼到了后晋赐予曹元深太傅官、赐元深父兄官的旌节官告国信使的到来。

从德太子在敦煌

正是在这样的历史发展脉络下，我们从敦煌文书中看到，940年以降，于阗与敦煌的交往越来越密切，双方的使者往来不断。双方的姻亲关系，更加促进了于阗王族和使臣不断来到敦煌，甚至有的人就长期住在敦煌，我们可以举964年为例，来看看双方交往的频繁和在敦煌的于阗人的活动情况。

据敦煌研究院藏卷和P.2629缀合而成的《归义军官府酒破历》(图100),加上P.4519-2v、P.3184v、Dx.1400、Dx.2418、Dx.6069等号文书，964年有如下史事：

正月廿四日—六月五日，归义军官府供于阗来葛禄逐日酒，计129日。

三月十九日—六月五日，归义军官府供于阗罗尚书逐日酒，计75日。

五月，沙州僧宝胜出使于阗，入奏于阗天皇后。

六月三日，在敦煌的于阗太子宴请于阗使。

七月一日，于阗太子迎于阗使。三日，□□□（于）阗使。

廿一日，归义军衙内看望于阗使。廿六日，衙内看望甘州及于阗使、僧。

八月一日，归义军官府看望于阗使。廿二日，看甘州使及于阗使。

八月七日，在沙州的于阗太子从德、从连、琮原三人来佛堂内供养诸佛。

九月，于阗驻敦煌的重要使臣右马步都押衙张保勋自沙州牒上于阗皇帝。

同月，留在敦煌的于阗国公主、太子的侍婢员娘、祐定自沙州牒上于阗天皇后，报告“旦暮伏佐公主、太子，不曾抛离”。

同月，祐定自沙州牒上于阗公主、宰相，切望发遣绢、画彩、钢铁、绀城细緤等，以供宕泉造窟；又为“年高娘子”要好热细药。

同月，新妇小娘子阴氏上于阗公主状，告有押衙安山胡前往于阗，请他带漆緤子三个，以充丹信。

十月二日，归义军官府在东园看望于阗使及南山使者。十日，归义军衙内看于阗使。

仅此一年当中，我们就可以看到有于阗的葛禄、罗尚书、没有具名的于阗使臣、于阗僧侣，乃至于阗太子等等，来到沙州，有的可能是出使沙州、甘州等地方政权，也有的可能

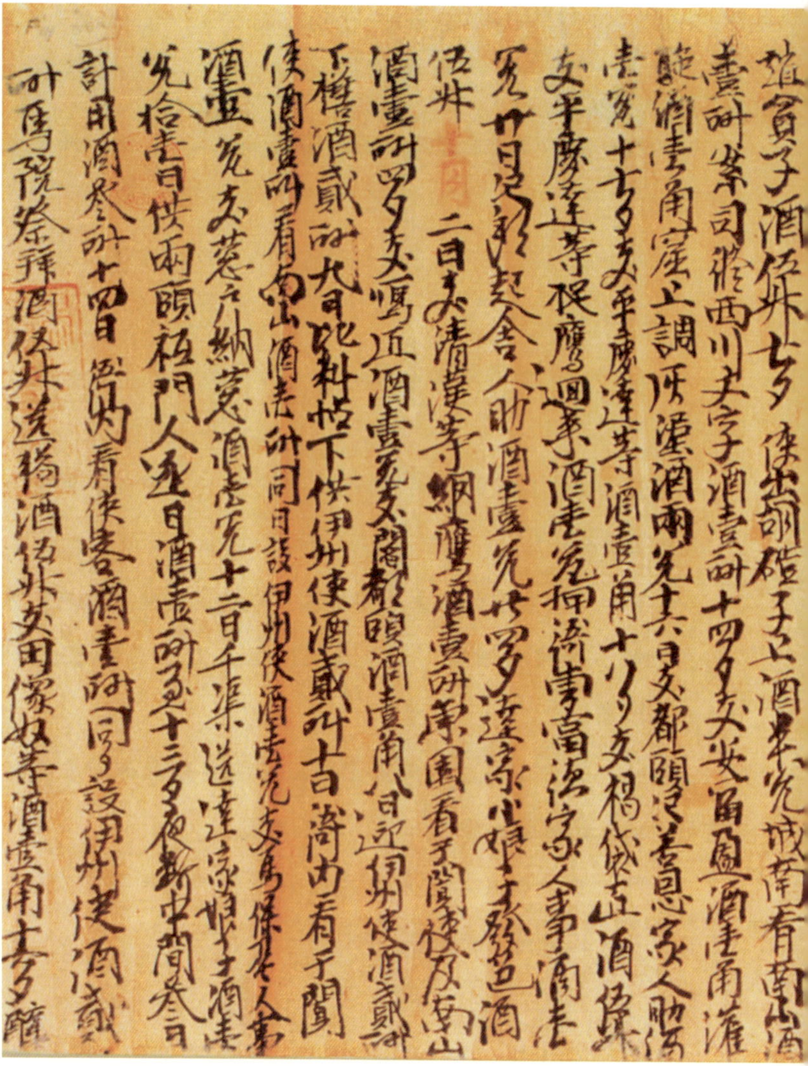

图 100　P.2629 归义军官府酒破历

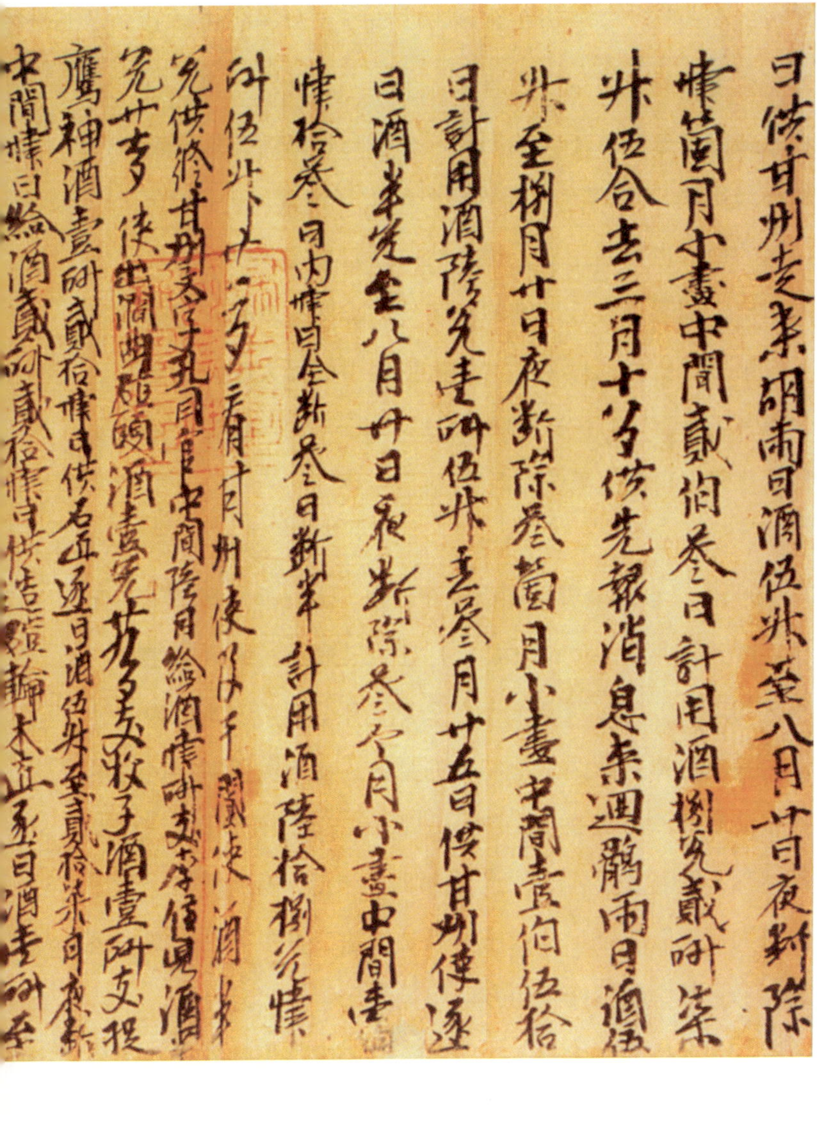

日供甘州走來胡兩日酒伍升，至八月廿四日夜斷，除
准閏月小盡中間貳拾叁日，計用酒捌瓮貳㪷柒
升伍合。去三月十八日供先報消息來迴鶻兩日酒伍
升，至捌月廿日夜斷，除叁閏月小盡中間壹伯伍拾
日，計用酒陸瓮壹㪷伍升。去叁月廿五日供甘州使逐
日酒半瓮，至八月廿日夜斷，除叁个月小盡中間壹伯
肆拾叁日，內准日全斷叁日斷半，計用酒陸拾捌瓮肆
㪷伍升。十一月廿一日，甘州使僧千閻使酒半
瓮。供修甘州天子孔雀中間陸月給酒壹㪷肆升，修倉見酒
瓮。廿一日，使出閻頭酒壹瓮。廿六日，支撥子酒壹㪷，支得
鷹神酒壹㪷貳㪷。貳拾肆日供石公逐日酒伍升，至貳拾貳日夜斷，
中間肆日給酒貳㪷貳㪷。拾肆日供造鞍人張逐日酒壹㪷，至

远赴汴梁，入贡中原王朝。对于这些使者，归义军官府给予了很好的招待，由官府供给酒食，归义军节度使的衙内还不时探望。我们也可以看到有许多于阗人就长期住在敦煌，照看年幼的公主、太子，他们中既有右马步都押衙张保勋这样的高级官员，又有专门伺候公主、太子的女婢。与此同时，沙州的使者也出使于阗，探望此时任归义军节度使的曹元忠的姐姐于阗皇后曹氏。她的名字又见于莫高窟第61窟东壁右下方第三身供养人题名："姊大朝大于阗国大政大明全封至孝皇帝天皇后一心供养。"窟主就是945—974年任归义军节度使的曹元忠和他的翟氏夫人。

964年，很可能道圆和尚也在敦煌。道圆是沧州僧人，五代后晋天福年间（936—943年）往西天取经。宋太祖建隆二年（961年）二月，道圆自天竺回到于阗，以"左街内殿讲经谈论兴教法律大师赐紫沙门"的身份，在于阗匝摩寺，为沙弥曹清静授八关戒牒（S.6264）。随后与于阗使谐行至敦煌。P.2893号汉语文书《报恩经》卷第四的末尾，有"僧性空与道圆雇人写记"的题记，卷子背面是长达二百多行的于阗文医药文书，其中包括许多药方。到乾德三年（965年）十一月，道圆与于阗使同至宋廷。十二月，道圆表献贝叶梵经四十二夹，太祖召问所历山川道里，一一作答。从道圆的行程来看，964年他很可能也逗留敦煌。

于阗有不少太子生活在敦煌或时时往来于敦煌、于阗之间。在生活于敦煌的诸多于阗太子中，在964年逗留敦煌的于阗人中，无疑以于阗王李圣天的儿子——从德太子的身份最高。因为敦煌文书有相当多的于阗文和汉文文献涉及从德太子，所以我们现在对他的行迹，有比较多的了解。

从德太子本名尉迟输罗（Viśa' Śūra），是于阗王李圣天和曹议金女的长子，他和父王一样也有一个汉名，即“从德”。在儿童时期（935年后不久）就被带到敦煌，其像绘制在归义军节度使的功德窟内。在10世纪中叶，从德可能长期留居在敦煌，留下了不少于阗语文献。到乾德四年（966年）二月，他奉父王之命入宋朝贡。翌年，李圣天晏驾，他作为合法继承人，回到于阗即位为王，年号天尊。从德太子在敦煌活动期间，曾抄写或出资抄写、供养了许多佛典，如P.3513佛教文献集，贝叶本，共84叶，正背书，每叶四行，内容计有《佛名经》《般若心经疏》《普贤行愿赞》《金光明最胜王经·忏悔品》《从德太子礼忏文》等。此外，还有P.3510贝叶本《从德太子发愿文》(图101),以及与从德太子有关的八种《善财童子譬喻经》写本（Ch.00266，P.2025＋P.4089a，P.2957，P.2896，P2784，P5536bis，丽字73号）和六种《抒情诗》写本(Ch00266，P.2025，P.2895，P.2896，P.2956，P.2022)。

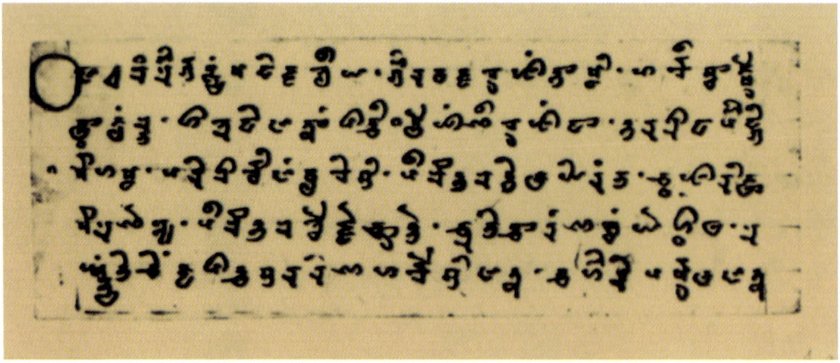

图 101　P.3510 于阗文《从德太子发愿文》

从德即位以后，还把一座银塔供奉到敦煌莫高窟，银塔上有题铭，文曰“于阗国王大师从德”云云。可惜的是这座银塔在民国年间被军阀从敦煌掠走，迄今下落不明，但银塔外面的六角形木塔（图102），却完整地保存下来，先是被搬到武威的民众教育馆，现在保存在甘肃省博物馆，彩绘精美，可以依稀看到从德太子供养的菩萨形象。

然而，历史发展并非都是和平而友好的，从德即位后不久所面临的重要问题，就是与建都疏勒（今喀什）而信奉伊斯兰的黑汗王朝之间的战争。在这场持久战的开始阶段，于阗并不示弱。于阗王尉迟输罗甚至率军出征黑汗王朝获胜，俘获甚众，还获得了一头据说是会跳舞的大象。开宝三年（970年）正月，尉迟输罗致书其舅归义军节度使、敦煌大王曹元忠，报告战况，同时请求沙州给予援助。这封写在敦煌文书P.5538号正面的于阗语文书，共81行，在每条纸缝上和文书最后记年月日

图 102　于阗国王大师从德供养彩绘木塔

等处，共钤有九方汉字朱文方印，文曰“书诏新铸之印”。引人注目的是在文书的纪年前面，写有一个特大的汉文“敕”字（图103），长宽相当于整整一行于阗文，字的笔画不够连贯，好像是于阗王所写。为什么在于阗文书的纪年前面要写上这样一个特大的汉文“敕”字呢？似乎不可思议。实际上，这是继承了唐朝论事敕书的文书格式。恰好英国图书馆从敦煌发现的经帙中，剥出了一件极有价值的唐代文书，即S.11287号《景云二年（711年）七月九日赐沙州刺史能昌仁敕》（图104），在最后的年月日上，钤有一方朱印，惜已模糊不清。而纪年前面中间，写有一个占满一行的特大“敕”字，是门下省官员据皇帝（唐睿宗）御画“敕”字而描的，皇帝亲画者则留门下省存档。这是唐朝中央朝廷下发到沙州的论事敕书原本。由此可知，P.5538于阗语文书上的汉文“敕”字，是仿自唐朝的论事敕书，其在年月日位置上钤汉文朱印，也是遵

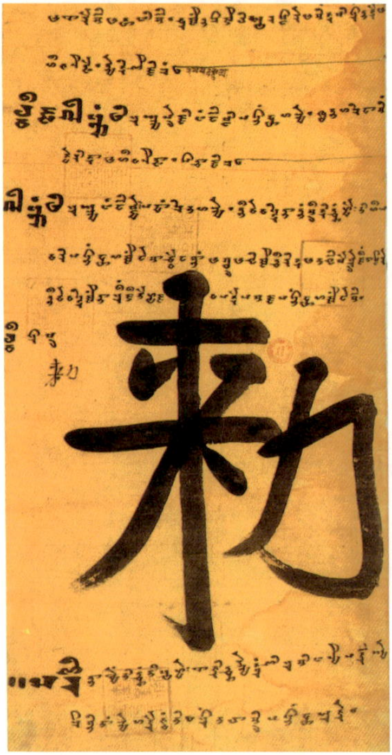

图 103　于阗文《于阗国王致归义军节度使曹元忠书》

敕沙州刺史能昌仁使人主父
童至省表所奏額外支兵者
別有處分使人今還指不多
及

图 104　S.11287C《景云二年（711 年）七月九日赐沙州刺史能昌仁敕》

行唐制的结果。其实P.5538号于阗语文书本是于阗王尉迟输罗致归义军节度使曹元忠的信函，曹元忠实为尉迟输罗的舅舅。在这样一封书信中，本不应当使用论事敕书的格式，估计此时的于阗王对于唐朝论事敕书“慰谕公卿，诫约臣下”的职能已不太清楚，只把它当作皇帝所发文书的敕文来使用了。

尉迟输罗王还把这一捷报传给远在中原的宋朝皇帝。《宋史》卷四九〇记载，开宝四年（971年）有于阗僧吉祥以其国王书来上宋廷，言破疏勒，得舞象一，欲以为贡。这头舞象应当就是尉迟输罗致曹元忠信中提到的大象。

978年，尉迟输罗去世，尉迟达磨（Viśa’Dharma）即位为王，年号中兴，继续奉行与沙州归义军和中原王朝密切联系的国策。太平兴国四年（979年）十一月，沙州使者出使于阗（S.2474，P.3878）。五年，有于阗使、于阗僧来敦煌，至闰三月离去(S.2474)。六年，有于阗使、于阗僧、婆罗门僧逗留沙州（S.1366),归义军衙内尝看望于阗僧（P.2744）。

太平兴国七年（982）五月，又有于阗使至沙州（P.2998v）。十二月，于阗王国的重要使臣张金山一行来沙州，在沙州造塔做功德，但更重要的目的是为于阗国王尉迟达磨求婚。记载此事的于阗文文书称“马年（壬午）七月，圣意中产生欲娶纯汉土女为后，以延续金国（于阗国）皇祚的愿望”,乃遣高官显宦子弟、勇士健儿等百人为聘使，前往沙州(Ch. I.0021 a，a)。

我们在现存的敦煌文献中没有见到于阗王这次求婚的结果如何。但在此之前，曹氏归义军节度使曹延禄倒是先娶了于阗的一位公主为妻。莫高窟第61窟东壁门北侧南向第七身供养人题记:“大朝大于阗国天册皇帝第三女天公主李氏为新受太傅曹延禄姬供养。”(图105) 题记所说的是于阗皇帝第三女成为曹延禄的妻子。据考，第61窟的李氏供养人像当绘于980年前后。曹延禄与这位于阗公主的画像或题记，还见于莫高窟第202窟、第449窟、天王堂和榆林窟第25窟，最后一处的题记称作:“大朝大于阗金玉国皇帝的子天公〔主〕(下缺)。”另外，现藏美国弗利尔美术馆的《于阗公主供养地藏菩萨画像》中（图106)，菩萨像

图 105　莫高窟第 61 窟曹延禄姬于阗公主供养人像

图 106　敦煌绢画地藏菩萨像及于阗公主像

下有小字“忌日画施”，下面盛装女子题名“故大朝大于阗金玉国天公主李氏供养”。这位于阗公主已经故去，所以说明这幅画是“忌日”施舍的，但我们无从知道她的具体去世年份，她的丈夫曹延禄是在咸平五年(1002年）被内部的兵变逼迫自尽的。

可见，在1006年于阗王国灭于黑汗王朝之前，于阗与敦煌的使节往来从未间断。

白玉、瑞像与佛典——物质与精神文化的交流

在频繁的使节往来和紧密的婚姻联系的背景下，于阗、敦煌两地的经济、文化交流也是丰富多彩的。

P.2826号文书《于阗王致沙州令公书》是一个典型的例子(图107),文字如下：

白玉壹团

赐沙州节度使男

令公，汝宜收领，勿怪

轻鲜，候大般次，别有

信物汝知。

其木匠杨君子千万发遣西来，所要不昔（惜）也。

凡书信去，请看二印，一大玉印，一小玉印，更无别印也。

（上钤大印文曰：通天万寿之印；小印文曰：大于阗汉天子制印）

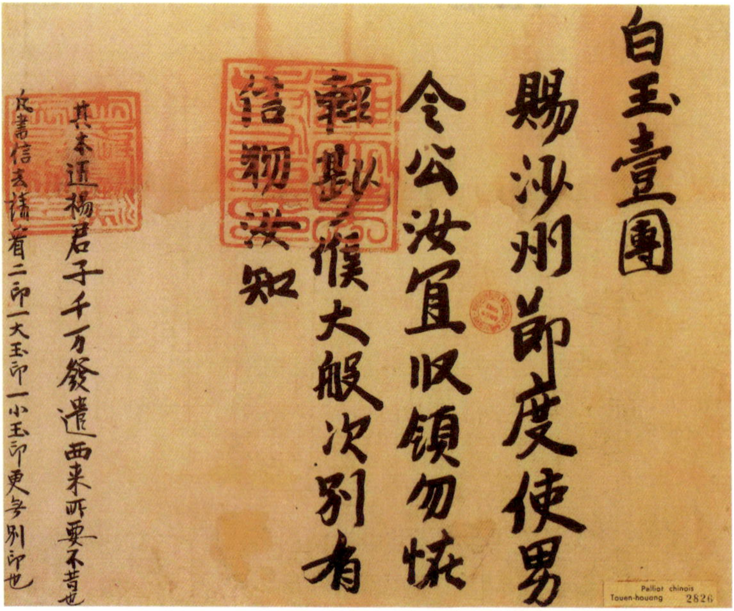

图 107　P.2826《于阗王致归义军节度使书》

其中记载于阗王送给归义军节度使“白玉壹团”，但要换取沙州工匠杨君子到于阗来。于阗盛产美玉，玉一直是于阗对外经济交往中的主要输出品，送往沙州的玉持续不断，其中不少玉石或成品又经沙州转运甘州、凉州、灵州乃至中原内地。相反，从上述地区换回的丝绸、佛典、工匠，又补充了于阗王国之所缺，于阗王以美玉换取沙州工匠杨君子的到来即是证明。另外，这件文书上所钤汉字印鉴，也说明了于阗统治者深受汉文化影响的情形。

于阗奉献给敦煌的，不仅仅是玉石，还有精美的佛教艺术。

于阗作为古代西域南道的大乘佛教中心，受印度、中亚犍陀罗佛教艺术的深远影响，佛教绘画有着深厚的传统。在隋唐时期，曾经产生著名画家尉迟跋质那和尉迟乙僧，在长安佛教寺院中，留下了相当多的画迹。于阗的绘画技法和题材，应当也在从于阗前往长安的必经之地——敦煌留下了痕迹。从吐蕃统治时期以后敦煌石窟中流行的有关于阗瑞像的图像、画稿应当来自于阗。到了10世纪，于阗与沙州如此频繁的交往中，佛教艺术方面的交往应当更加深入。一些于阗人还在敦煌开窟造像，为敦煌佛教的发展做出贡献。

敦煌的莫高窟和安西的榆林窟两所石窟中，保存了不少有关于阗的“瑞像图”、于阗的供养人像，还有一些尚未辨别出来的于阗人绘制的洞窟。敦煌藏经洞出土的绢纸绘画中，也有一些反映于阗绘画的作品。这些壁画或者绢纸画，有的可能是于阗人画好后带到敦煌，有的是于阗人在敦煌当地绘制的，有的是于阗人在敦煌雇当地画家绘制的，有的则是敦煌画匠按于阗的画样而描绘出来的。但它们都是于阗绘画艺术的展现，是于阗对敦煌石窟和绘画所做贡献的最好证据。

现存的敦煌石窟壁画中，至少有27座洞窟中绘有“瑞像图”，这是区别于尊像图、佛本生图、佛传图、经变画、佛教史迹画的一种绘画题材。这类瑞像图主要出现在吐蕃统治（786—848年）以后，特别是晚唐、五代、宋初的归义军时期。其彩绘的位置，除了莫高窟第220窟已经毁掉的一组绘于主室南壁和榆林窟保存的两个主室壁面外，其他几乎全都画在特定的位置上，即甬道顶部南北披、主室龛顶四披，令人仰望谛视的部位。同时，在敦煌藏经洞出土的绢画中，有一幅瑞像图，已碎成数段，分藏在新德里的印度国立博物馆和伦敦的英国博物院中。藏经洞还出土了四件文字记载的“瑞像记”,它们可能就是壁画瑞像图的榜题底稿。

敦煌石窟中绘制的有关于阗的瑞像图，大致有如下内容：(图108a-d)

1. 释迦牟尼佛从灵鹫山向〔于阗〕牛头山说法来
2. 释迦牟尼真容从王舍城腾空住〔于阗〕海眼寺
3. 释迦牟尼佛从舍卫国腾空于〔于阗〕固城住
4. 释迦牟尼佛白檀真容从汉国来〔于阗〕坎城住
5. 于阗媲摩城中雕檀瑞像
6. 于阗玉河浴佛瑞像

7. 石佛应现于阗国时

8. 于阗国石瑞像

9. 毗婆尸佛从舍卫国腾空来在于阗国住

10. 结迦宋佛亦从舍卫国来在固城住

11. 伽你迦牟尼佛从舍卫国腾空而来在固城住

12. 迦叶如来从舍卫国腾空至于阗国

13. 虚空藏菩萨于〔于阗〕西玉河萨迦耶仙寺住瑞像

14. 观世音菩萨助（住）于阗国

15. 宝檀花菩萨助（住）于阗国

16. 金刚藏菩萨护于阗国

17. 于阗国舍利弗毗沙门天王决海时

18. 北方毗沙门天王守护于阗国

19. 阿婆罗质多神守护于阗国

20. 摩诃迦罗神守护于阗国

21. 迦迦耶莎利神守护于阗国

22. 莎耶末利护于阗国。

23. 阿隅阇天女守护于阗国

24. 悉他那天女守护于阗国

这些瑞像大量出现的社会历史背景，是从7世纪以来于阗地区末法思想的流行，以及8世纪中叶以来于阗地区的社会动荡。敦煌保存的汉、藏文写本中，都有讲述于阗灭法情形的

图 108a　莫高窟第 237 窟西壁龛顶北披瑞像

图 108b　莫高窟第 237 窟西壁龛顶南披瑞像

图 108c　莫高窟第 237 窟西壁龛顶西披瑞像

图 108d　敦煌莫高窟第 154 窟南壁西侧毗沙门天王瑞像

《释迦牟尼像法灭尽之记》,可以为瑞像的流行提供佐证。

以莫高窟为主的敦煌石窟，在唐、五代时期就声名远扬，是东西方经行敦煌的僧人、信士瞻拜和供养的对象。从于阗王国来的王族、使者、僧侣，不论是短期逗留，还是长期留住者，都前往莫高窟观瞻和供养，有的甚至开窟造像，为敦煌石窟的建造做出了贡献。

在敦煌汉文和于阗文文书中，记有一些于阗人出资供养沙州的寺院或石窟的佛事活动，如造塔、向寺院施舍灯油等活动。另外一些留居敦煌时间较长的人，在莫高窟开窟造像，虽然目前我们还没有判断出哪些洞窟是于阗人开凿的，但从敦煌文书中可以肯定这样的洞窟必然是存在的。P.2812《于阗宰相绘画功德记》有如下文字：

厥今青春告谢，朱夏初合。舍异类之珍财，召丹青之巧匠，绘如来之铺席，图菩萨之真仪。渴仰虔恭，倾心恳切者，为谁施作？时则有于阗宰相。先奉为龙天八部，护大地之苍生；梵释四王，卫普天而安乐。西头天子，居宝位而延祥；东府大王，并乾坤之宠禄。先亡后过，速诣莲宫；见在枝罗，延年吉庆。己躬清吉，得贤圣而护持；患疾痊除，静四支而克顺。一行长幼，途路□泰而无危；两国通流，平善早临于桑梓之福会。伏惟我宰相□德云云，加以信珠顶捧，心镜恒明，爰召良工，广施财宝。遂得丹青晃曜，万菩萨亲降而现形；紫磨分辉，十方佛并临而赴会。是时也，百花竞放，万物滋荣，鸟喜林间，宫商合韵。总斯多善，莫限良缘。

这是于阗宰相在敦煌莫高窟开窟造像留下的功德记，其中为西头（于阗）天子和东府（敦煌）大王祈愿。文中没有交代所召的良工巧匠来自何处，看文意似是敦煌当地的工匠。文书清楚交代了于阗宰相广施财宝，而绘制如来、菩萨的事实。

上面提到过的俄藏敦煌文书《天寿二年（964年）九月弱婢祐定等牒》,提供给我们另一个留居敦煌的于阗人在莫高窟开窟造像的事例：

1. 更有小事，今具披词，到望
2. 宰相希听允：缘宕泉造窟一所，未得周毕，切望
3. 公主、宰相发遣绢拾匹、伍匹，与硙户作罗底买来
4. 沿窟缠里工匠，其画彩色、钢铁及三界寺绣
5. 像线色，剩寄东来，以作周旋也

这是留在敦煌的于阗国公主、太子的侍婢祐定写给于阗天公主和宰相的信，其中说到她们在莫高窟造窟一所，没有完工，希望于阗公主和宰相能够安排人送来十匹或五匹绢，给造窟的工匠们用，而造窟需要的彩色颜料和钢铁，以及三界寺的绣像线色，也希望寄到敦煌来，以作周旋。还有绀城（坎城）出产的细緤布，也要三五十匹，沿窟使用。这里提到了莫高窟所在的宕泉的名字，可以确定她们所开的窟是在莫高窟，而从所需这么多物品来看，似乎所开的窟颇有规模，可惜的是我们目前还无法指实她们开的是哪一个窟。

于阗佛教艺术对敦煌石窟的建造产生过影响，于阗人在莫高窟的造窟活动，对敦煌石窟的营造做出了贡献。

于阗人所讲的于阗语是属于东伊朗语，其文化的基本因素是建立在伊斯兰文化基础上的，同时，于阗人又受数百年来佛教文化的熏陶，这里是西域地区的大乘佛教中心，大量佛典在这里编纂、翻译、抄写、转述、流通、收藏。佛典的流转，是于阗在文化交流上扮演的重要角色。

在10世纪逗留敦煌的于阗使者中，有不少僧人，由于佛教在于阗被尊为国教，所以，来到沙州的于阗太子、宰相和一般人员，也有不少是谙熟佛典的饱学之士。敦煌藏经洞中出土的于阗语佛典，有不少是相当完整的文献，它们应当是这些信士从于阗带来或是在沙州写成的。

由于斯坦因捷足先登，敦煌藏经洞大多数完整的于阗文佛典被他取走，现存放在伦敦的印度事务部图书馆（现已合并为英国图书馆的一部分）。在这一大批文献中，引人注意的是属于张金山（Ca Kima-sana）的一组文献。上文提到张金山曾在982年出使沙州，这些佛教文献可能就是这次出使时带到沙州的。其中编号为Ch.00274的《佛本生赞》，据序文，知是张金山在于阗王尉迟输罗在位年间（966—976年）请娑摩若寺大师Vedyaśīlä编纂的，贝叶本，共39叶，51个本生故事，首尾完全，保存情况完好整洁。Ch.I.0021b正背面所写的《金刚乘文献》，分别写有47和65行文字，也是完本，前者有题记，表明抄写于971年。另外，Ch.ii.002医药文献《悉昙娑罗》，有序，全书虽非完本，但有64叶之多，叶边有张金山署名。另一部药方书《时缚迦书》(Ch.ii.003)，共计73叶。这些多少均与张金山有关的大部头文献，大概是完成于于阗而后来带到敦煌的。

此外，保存完整的于阗语佛教文献还可以举出Ch.00275《金刚般若经》和Ch.xlvi.0015《佛说无量寿宗要经》，均为贝叶本，前者共44叶，正背书，每叶四行，首尾两叶的中心位置还绘有佛像，第一叶背杂写中，有李圣天同庆三十年(941年)三月十五日的杂记，表明了写本的年代上限；后者共20叶，正背书，也是每叶四行，首叶右上角彩绘一幅小佛像。

伯希和较斯坦因晚到敦煌藏经洞一步，因此巴黎国立图书馆所藏敦煌出土于阗语文献没有伦敦的完整，但也有相当重要的佛典。如P.4099《文殊师利无我化身经》，卷子本，两面书，共445行，通篇用韵文写成，据文末的题记，也是写于尉迟输罗王在位时期。另外，P.3513佛教文献集，是从德太子文献，上面已经做过介绍。根据从德太子的事迹，可以推测这部文献合集很可能是写在敦煌。

这些完整的于阗语文献大都属于10世纪末叶， 也就是藏经洞封闭前流入敦煌或抄成于当地，它们装饰精美，抄写工整，大都有题记，一方面表明了它们的主人对这些佛典的尊敬，另一方面表明了它们仍然具有实用价值。10世纪末，正是于阗王国全力抵抗信奉伊斯兰教的黑汗王朝东进的艰苦年代，也是于阗佛教像法灭尽传说广为流行的时期，大量完整的于阗文佛典从遥远的西方搬运到敦煌，恐怕是于阗佛教徒担心一旦佛法被毁而采取的主动措施，这或许能够帮助我们理解为什么大多数于阗文佛典的年代集中在藏经洞封闭的前夜。

在10世纪的敦煌，除了长期居留和短期经过的于阗人外，还有不少汉族或其他民族的文人学士能够读懂于阗文，因此，大批于阗文佛典的流入沙州，必然影响到敦煌的各族民众，使敦煌胡汉交融的文化更加丰富多彩。

结语

敦煌不论从地理范围还是从州县等级来说，都不能算是很大的地方，但她位于丝绸之路的咽喉地段，自汉代以来，就是“华戎所交，一都会也”。这里既是东西方贸易的中心和商品中转站，又是中国文化西传的基地和西方文化东来的最初浸染地。自汉至唐，敦煌这个国际都会的兴衰是与这一地区是和平还是战争紧密相关的。唐朝所创造的和平环境，为敦煌多姿多彩的文化繁荣提供了保障。在经过吐蕃征服和统治后，归义军政权维持了敦煌地区近二百年的社会稳定（短命的金山国除外），使当地的文化得以保存、发展。在东西方文化交往的历史上，敦煌自有其不可磨灭的贡献。

图版目录

插页 1　敦煌纸画商队图(《英藏》14，彩版)

插页 2　西方现存最早的商队图(Mapping the Silk Road and Beyond,p.8)

正文部分

图 1　莫高窟 323 窟“张骞出使西域”图像(《中国石窟·敦煌莫高窟》三，图 68)，第 4 页.

图 2　今日的祁连山(《河陇文化》，No.6)，第 10 页.

图 3a　甘肃出土表现游牧民族艺术的青铜透雕双马咬斗饰牌(《甘博图集》，98 页)，第 11 页.

图 3b　甘肃出土表现游牧民族艺术的青铜镂空双驼饰牌(《甘博图集》，98 页)，第 11 页.

图 4　象征汉朝打败匈奴的“马踏匈奴”石雕像(霍去病墓前)(《华夏文明》，77)，第 18 页.

图 5　甘肃灵台出土青铜戟上的“月氏人”(《丝绸之路甘肃文物精华》，图 47)，第 26 页.

图 6　甘肃出土“斯基泰艺术”品——虎噬羊纹金饰片(《甘博图集》，94 页)，第 28 页.

图 7　昆山之玉——阿房宫出土高足玉杯(《华夏文明》，22 页)，第 31 页.

图 8　汉代玉门关——敦煌市西北小方盘城(《河西汉塞调查与研究》，彩版 15)，第 33 页.

图 9　敦煌市西北的汉代长城(《河西汉塞调查与研究》，彩版 13)，第 39 页.

图 10　汉代的丝绸之路(《中国大百科全书·中 国历史》2，958)，第 46 页.

图 11　悬泉置出土记载武威到敦煌路程的汉简(《文物》2000 年第 5 期，29 页)，第 50 页.

图 12　悬泉出土汉简(《河陇文化》，No.152)，第 52 页.

图 13　《沙州图经》所记李广利故事(《法藏》1，彩版 28)，第 53 页.

图 14　敦煌悬泉置遗址(《河陇文化》，No.176)，第 54 页.

图 15　悬泉置出土有关康居的汉简(《中外关系史：新史料与新问题》，146 页)，第 56 页.

图 16　汉代的鎏金铜马(《华夏文明》，79 页)，第 61 页.

图 17　汉代敦煌渥洼池——今日南湖水库(《河西汉塞调查与研究》，彩版 21)，第 64 页.

图 18　马王堆 1 号汉墓帛画上的升天图(《历代艺术绘画》上，42)，第 66 页.

图 19　斯坦因在敦煌发现的生丝(The Silk Road, No.41),第 69 页.

图 20　莫高窟 323 窟的"甘泉宫佛像"(《佛教东传故事画卷》,图 106),第 80 页.

图 21　钱币上的贵霜王形象(《アレクサンドロス大王と东西文明の交流展》,图 83),第 82 页.

图 22　斯瓦特地区出土的早期佛像(The Crossroads of Asia,No.167),第 83 页.

图 23　四川乐山麻濠摩崖墓东汉佛像(《佛教初传南方之路》,图 1),第 85 页.

图 24a-b　阿富汗出土装有佉卢文写经的陶罐D、C(Ancient Buddhist Scrolls from Gandhāra, pp.viii, xi),第 90 页.

图 25　英国图书馆所得桦树皮佉卢文写卷 (Ancient Buddhist Scrolls from Gandhāra, pl.4),第 91 页.

图 26　上有佛像的迦腻色伽王钱币(Silk Road Coins. The Hirayama Collection,封面),第 92 页.

图 27a　犍陀罗佛教艺术之一坐佛像(Magische Götterwelten,No.29),第 93 页.

图 27b　犍陀罗佛教艺术之二弥勒菩萨坐像(Silk Road Coins,fig.133),第 94 页.

图 27c　犍陀罗佛教艺术之三佛传故事图像(Magische Götterwelten, No.43),第 95 页.

图 28　和田出土佉卢文《法句经》(Sérinde, No.53),第 96 页.

图 29　《沙州图经》所记西凉王国建筑(《法藏》1,55),第 103 页.

图 30a-b　北魏洛阳永宁寺遗址出土佛像(《北魏洛阳永宁寺》彩版 12),第 110 页.

图 31　酒泉出土的北凉小佛塔(《甘博图集》,182 页),第 114 页.

图 32　吐鲁番出土《凉王大且渠安周造祠碑》(APAW, 1907, plate),第 115 页.

图 33　吐鲁番新出《阚氏高昌永康九年、十年(474—475)送使文书》(《新获吐鲁番出土文献》,162 页),第 118 页.

图 34　敦煌写本 P.2143 普泰二年(532 年)东阳王元荣造《大智度论》(《法藏》1,彩版 5),第 120 页.

图 35　敦煌写本《老子化胡经》(《法藏》1,彩版 13),第 128 页.

图 36　敦煌写本五印度用甘蔗造砂糖法(《法藏》1,彩版 32),第 130 页.

图 37　敦煌藏经洞发现的刺绣佛像(《西域美术》Ⅲ,图 1),第 131 页.

图 38　粟特文古信札 (Monks and Merchants, p.48),第 136 页.

图 39　莫高窟 420 窟隋代《观世音菩萨普门品》中的商队(《敦煌石窟全集》26《交通画卷》,图 8),第 142 页.

图 40　西安发现的史君墓汉语粟特语双语铭文(杨军凯提供),第 144 页.

图 41　莫高窟 45 窟"胡商遇盗图"(《中国石窟·敦煌莫高窟》三,图 133),第 146 页.

图 42　克孜尔石窟壁画中的萨薄商主(《中国石窟·克孜尔石窟》一,图 62),第 148 页.

图 43　《沙州图经》所记祆舍(《法藏》1,54),第 153 页.

图 44　译自汉文的粟特文伪经(《シルクロ－ド大美术展》,图 37),第 153 页.

图 45　唐墓壁画中的胡人侍卫(《章怀太子墓壁画》,图 27),第 155 页.

图 46　萨珊银币上的祆教图像(The Glory of the Silk Road, No.52),第 159 页.

图 47　虞弘墓石椁上的用葡萄酒赛神图(《太原隋虞弘墓》,图版 25),第 161 页.

图 48　敦煌藏经洞出土的祆教女神像(《法藏》31,彩版五),第 162 页.

图 49　吐鲁番出土张祖买胡奴契约(《新获吐鲁番出土文献》,125 页),第 165 页.

图 50　吐鲁番出土粟特文卖婢契约(The Glory of the Silk Road, No.48),第 166 页.

图 51　吐鲁番出土《唐开元二十年(732 年)瓜州都督府给西州百姓游击将军石染典过所》文书(《新疆文物古迹大观》,图 0363),第 167 页.

图 52a　西安唐墓壁画上的胡人牵猎豹图(《汉唐丝绸之路文物精华》,图 103),第 168 页.

图 52b　西安唐墓出土的胡人带猎豹俑(《汉唐丝绸之路文物精华》,图 195),第 169 页.

图 53a　史君墓石椁上的胡人奏乐图(《华夏文明》,164 页),第 170 页。

图 53b　安伽墓石屏上的胡人舞蹈图(《文物》2001 年第 1 期,图 21),第 170 页.

图 54a　何家村出土的粟特式带把杯(《花舞大唐春》,64 页),第 171 页.

图 54b　何家村出土的粟特式银杯(The Glory of the Silk Road, No.102),第 172 页.

图 55a　敦煌写本 P.3918《佛说金刚坛广大清净陀罗尼经》(《法藏》30,38 页),第 180 页.

图 55b　敦煌写本 P.3918《佛说金刚坛广大清净陀罗尼经》(《法藏》30,38 页),第 181 页.

图 56　昙旷《大乘二十二问本》(《上海图书馆藏敦煌吐鲁番文献》1,彩版 9),第 184 页.

图 57　P.2141 昙旷《大乘起信论略述》(《法藏》6,彩版 11),第 186 页.

图 58　敦煌藏经洞出土的纸本寺院图(《シルクロ－ド大美术展》,图 119),第 187 页.

图 59　藏文《大乘无量寿宗要经》(《敦煌》,图 282),第 187 页.

图 60　张球撰《大唐沙州译经三藏大德吴和尚（法成）邈真赞》(P.4660-25)(《法藏》20，彩版 1),第 190 页.

图 61　王锡所撰《顿悟大乘正理决》(P.4646)(《法藏》32,彩版 8),第 193 页.

图 62　敦煌莫高窟第 159 窟所绘当时吐蕃赞普礼佛图像（《中国石窟·敦煌莫高窟》四，图 88),第 198 页.

图 63　英藏藏文求法僧书信(《英藏》14,264 页),第 204 页.

图 64　莫高窟第 156 窟张议潮统兵出行图(《中国石窟·敦煌莫高窟》四,图 133),第 210 页.

图 65　归义军首任河西都僧统洪䛒像(《敦煌》,图 164),第 213 页.

图 66a　榆林窟第 16 窟曹议金供养像(《中国石窟·安西榆林窟》,图 58),第 216 页.

图 66b　榆林窟第 16 窟曹议金回鹘夫人供养像(《中国石窟·安西榆林窟》,图 57),第 216 页.

图 67a　榆林窟第 19 窟曹元忠供养像(《中国石窟·安西榆林窟》,图 63),第 217 页.

图 67b　榆林窟第 19 窟曹元忠凉国夫人供养像(《中国石窟·安西榆林窟》,图 62),第 217 页.

图 68a　法门寺地宫出土鎏金伎乐纹银香宝子(《法门寺考古发掘报告》下,彩版 158),第 222 页.

图 68b　法门寺出土鎏金伎乐纹银香宝子乐伎图(《法门寺考古发掘报告》下,彩版 159),第 222 页.

图 69　藏经洞出土佛寺供养具——佛幡(《西域美术》I,图 28),第 229 页.

图 70　藏经洞出土以联珠对兽纹锦作边饰的经帙(Ch.xlviii.001)(《西域美术》III,图 6),第 231 页.

图 71　法门寺地宫出土的宝珠顶单檐纯金四门塔(《法门寺》,143 页),第 232 页.

图 72　敦煌绢画上表现的玻璃碗(《西域美术》I,图 56-2),第 233 页.

图 73　智严《沙州巡礼圣迹留后记》(S.5981)(《英藏》10,11 页),第 236 页.

图 74a-b　上博 48 号《十二时普劝四众依教修行》(《上海博物馆藏敦煌吐鲁番文献》2,39-40 页),第 237 页.

图 75　同光二年(924 年)五月定州开元寺僧归文牒(S.529)(《英藏》2,7 页),第 238 页.

图 76　P.2605《敦煌郡羌戎不杂德政序》(《法藏》16,彩版 4),第 240 页.

图 77　S.4537v 天福九年（944 年）正月僧政善光为巡礼西天上太傅乞公验牒（《英藏》6,133 页),第 240 页.

图 78　北大藏 D185 号灵图寺寄住僧道猷状牒(《北京大学藏敦煌文献》2,彩版 6),第 241 页.

图 79　敦煌人眼中的传法梵僧形象(P.4518-39)(《法藏》31,彩版 4),第 241 页.

图 80　敦煌发现的景教文献(《法藏》1,彩版 18),第 243 页.

图 81　敦煌发现的摩尼教文献(《法藏》1,彩版 18),第 244 页.

图 82　P.2962《张议潮变文》(《法藏》20,彩版 4),第 250 页.

图 83　P.3552《儿郎伟驱傩文》(《法藏》25,231 页),第 252 页.

图 84　吐鲁番出土回鹘王像(Magische Götterwelten, No.360),第 254 页.

图 85　P.3451《张淮深变文》(《法藏》24,252 页),第 257 页.

图 86　S.2589《中和四年(844 年)十一月一日肃州防戍都状》(《英藏》4,111 页),第 258 页.

图 87a-b　唐朝文思院回赐甘州回鹘进贡物品会计簿(S.8444)(《英藏》12,133 页),第 261 页.

图 88　S.5139v《乙酉年(925 年)六月凉州节院使押衙刘少晏状》(《英藏》7,25 页),第 268 页.

图 89　P.3718《唐故归义军南阳郡张公写真赞并序》(《法藏》27,彩版 3),第 269 页.

图 90　敦煌研究院藏卷《乾德二年(964 年)归义军衙内酒破历》(《敦煌》,图 287),第 273 页.

图 91　敦煌西千佛洞第 16 窟中的回鹘装供养人像(《中国石窟·安西榆林窟》,图 239),第 274 页.

图 92a-b　回鹘文写本 P.2988 + P.2909 西州回鹘使臣在敦煌所写的发愿文（Manuscrits Ouïgours II, pp.295-296),第 278 页.

图 93　北庭西大寺回鹘可汗供养像(《新疆文物古迹大观》,图 0834),第 280 页.

图 94　焉耆发现的吐火罗文《弥勒会见记》剧本(《新疆文物古迹大观》,图 0485),第 281 页.

图 95　回鹘文《弥勒会见记》抄本(《新疆文物古迹大观》,图 0869),第 283 页.

图 96　P.3051《频婆娑罗王后宫綵女功德意供养塔生天因缘变》(《法藏》21,182 页),第 284 页.

图 97a　吐鲁番出土回鹘文佛教本生故事(Turks, fig.13),第 286 页.

图 97b　吐鲁番出土摩尼教文献(Magische Götterwelten, No.361),第 286 页.

图 97c　吐鲁番出土摩尼教徒的书信(《吐鲁番新出摩尼教文献研究》,图版),第 287 页.

图 97d　吐鲁番出土叙利亚文景教写本(Turks, fig.14),第 287 页.

图 98　唐代于阗神山堡现状(2008 年 1 月尔冬强摄),第 293 页.

图 99　莫高窟第 98 窟于阗王李圣天及曹氏夫人供养像(《中国石窟·敦煌莫高窟》五,图 13),第 297 页.

图 100　P.2629 归义军官府酒破历(《法藏》16,彩版 10),第 302 页.

图 101　P.3510 于阗文《从德太子发愿文》(《法藏》25,21 页),第 306 页.

图 102　于阗国王大师从德供养彩绘木塔(《甘博图集》,233 页),第 307 页.

图 103　于阗文《于阗国王致归义军节度使曹元忠书》(《法藏》1,彩版 1),第 308 页.

图 104　S.11287C《景云二年(711 年)七月九日赐沙州刺史能昌仁敕》(《英藏》13,彩版),第 309 页.

图 105　莫高窟第 61 窟曹延禄姬于阗公主供养人像(《敦煌石窟艺术 莫高窟第六一窟》,图版 145),第 311 页.

图 106　敦煌绢画地藏菩萨像及于阗公主像(Freer Gallery 提供),第 312 页.

图 107　P.2826《于阗王致归义军节度使书》(《シルクロード大美术展》,图 27),第 316 页.

图 108a　莫高窟第 237 窟西壁龛顶北披瑞像(《中国石窟·敦煌莫高窟》四,图 108),第 320 页.

图 108b　莫高窟第 237 窟西壁龛顶南披瑞像(《中国石窟·敦煌莫高窟》四,图 106),第 321 页.

图 108c　莫高窟第 237 窟西壁龛顶西披瑞像(《中国石窟·敦煌莫高窟》四,图 104),第 321 页.

图 108d　敦煌莫高窟第 154 窟南壁西侧毗沙门天王瑞像 (《中国石窟·敦煌莫高窟》四, 图 99),第 322 页.

参考文献

（一）中文部分

[1]北京大学图书馆，上海古籍出版社.北京大学藏敦煌文献（第1-2册）[M].上海：上海古籍出版社，1995.

[2]毕波.粟特文古信札汉译与注释[J].文史，2004(2):73-97.

[3]布努瓦尔.丝绸之路[M].耿昇，译，乌鲁木齐：新疆人民出版社，1982.

[4]蔡鸿生.唐代九姓胡与突厥文化[M].北京：中华书局，1998.

[5]陈国灿.敦煌学史事新证[M].兰州：甘肃教育出版社，2002.

[6]陈怀宇.高昌回鹘景教研究[J].敦煌吐鲁番研究（第4卷）.北京：北京大学出版社.1999：165-214.

[7]陈寅恪.隋唐制度渊源略论稿[M].北京：中华书局，1963.

[8]陈寅恪.唐代政治史述论稿[M].上海：上海古籍出版社，1982.

[9]陈垣.火祆教入中国考[M].陈垣学术论文集（第1集）.北京：中华书局，1980.

[10]程喜霖.唐代过所研究[M].北京：中华书局，2000.

[11]敦煌文物研究所.中国石窟·敦煌莫高窟（三~五）[M].北京：文物出版社，1987.

[12]敦煌研究院.敦煌莫高窟供养人题记[M].北京：文物出版社，1986.

[13]敦煌研究院.中国石窟·安西榆林窟[M].北京：文物出版社，1997.

[14]法门寺博物馆.法门寺[M].西安：陕西旅游出版社，1994.

[15]范祥雍.洛阳伽蓝记校注[M].上海：上海古籍出版社，1978.

[16]甘肃省博物馆.丝绸之路甘肃文物精华[M].兰州：甘肃省博物馆，1994.

[17]甘肃省博物馆.甘肃省博物馆文物精品图集[M].西安：三秦出版社，2006.（简称.甘博图集）

[18]甘肃省文物考古研究所.甘肃敦煌汉代悬泉置遗址发掘简报[R].文物，2000(5)：4-20.

[19]耿世民.新疆文史论集[M].北京：中央民族大学出版社，2001.

[20]耿世民. 维吾尔古代文献研究[M]. 北京:中央民族大学出版社,2003.

[21]哈尔马塔(主编),徐文堪,芮传明,译. 中亚文明史(第 2 卷)[M]. 北京:中国对外翻译出版公司·联合国教科文组织,2002.

[22]韩康信. 丝绸之路古代居民种族人类学研究[M]. 乌鲁木齐:新疆人民出版社,1993.

[23]郝春文. 唐后期五代宋初敦煌僧尼的社会生活[M]. 北京:中国社会科学出版社,1998.

[24]何双全. 汉代西北驿道与传置——甲渠候官、悬泉汉简《传置道里簿》考述[J]. 中国历史博物馆馆刊(总 30 期). 1998:62-69.

[25]胡平生,张德芳. 敦煌悬泉汉简释粹[M]. 上海:上海古籍出版社,2001.

[26]黄时鉴. 解说插图中西关系史年表[M]. 杭州:浙江人民出版社,1994.

[27]黄征,张涌泉. 敦煌变文校注[M]. 北京:中华书局,1997.

[28]季羡林. 中印文化关系史论丛[M]. 北京:人民出版社,1957.

[29]季羡林. 一张有关印度制糖法传入中国的敦煌残卷[J]. 历史研究,1982(1):124-136.

[30]姜伯勤. 唐敦煌《书仪》写本中所见的沙州玉关驿户起义[J]. 中华文史论丛,1981(1):157-170.

[31]姜伯勤. 敦煌吐鲁番文书与丝绸之路[M]. 北京:文物出版社,1994.

[32]姜伯勤. 敦煌艺术宗教与礼乐文明[M]. 北京:中国社会科学出版社,1996.

[33]姜伯勤. 中国祆教艺术史研究[M]. 北京:三联书店,2004.

[34]李永良. 河陇文化——连接古代中国与世界的走廊[M]. 上海:上海远东出版社,香港:香港商务印书馆,1998.

[35]李正宇. 敦煌史地新论[M]. 台北:新文丰出版公司,1996.

[36]李正宇. 古本敦煌乡土志八种笺证[M]. 台北:新文丰出版公司,1998.

[37]林梅村. 西域文明[M]. 北京:东方出版社,1995.

[38]林梅村. 汉唐西域与中国文明[M]. 北京:文物出版社,1998.

[39]林梅村. 古道西风——考古新发现所见中西文化交流[M]. 北京:三联书店,2000.

[40]林悟殊. 波斯拜火教与古代中国[M]. 台北:新文丰出版公司,1995.

[41]林悟殊. 古代摩尼教艺术[M]. 台北:淑馨出版社,1995.

[42]罗丰. 胡汉之间——“丝绸之路”与西北历史考古[M]. 北京:文物出版社,2004.

[43]罗新. 吐谷浑与昆仑玉[J]. 中国史研究,2001(1):43-52.

[44]马承源,岳峰(主编). 新疆维吾尔自治区丝路考古珍品[M]. 上海:上海译文出版社,1998.

[45]马德. 敦煌莫高窟史研究[M]. 兰州:甘肃教育出版社,1996.

[46]马德. 敦煌石窟全集(26)交通画卷 [M]. 上海:上海人民出版社,2001.

[47]齐东方. 唐代金银器研究[M]. 北京:中国社会科学出版社,1999.

[48]饶宗颐. 选堂集林·史林[M]. 香港:中华书局,1982.

[49]荣新江. 小月氏考[J]. 中亚学刊. 第 3 辑,1990:47-62.

[50]荣新江. 通颊考[J]. 文史. 第33辑,1990:119-144.

[51] 荣新江. 敦煌文献所见晚唐五代宋初中印文化交往[J]. 季羡林教授八十华诞纪念论文集. 南昌:江西人民出版社,1991:955-968.

[52]荣新江. 归义军史研究——唐宋时代敦煌历史考索[M]. 上海:上海古籍出版社,1996.

[53]荣新江. 敦煌藏经洞的性质及其封闭原因[J]. 敦煌吐鲁番研究(第2卷),北京:北京大学出版社,1996:23-48.

[54] 荣新江. 略谈于阗对敦煌石窟的贡献[J]. 敦煌研究院编. 2000年敦煌学国际研讨会文集——石窟艺术卷. 兰州:甘肃民族出版社,2003:67-82.

[55]荣新江. 中古中国与外来文明[M]. 北京:三联书店,2001.

[56]荣新江. 波斯与中国:两种文化在唐朝的交融[J]. 中国学术,2002(4):56-76.

[57]荣新江. 于阗花毡与粟特银盘——九、十世纪敦煌寺院的外来供养[J]. 胡素馨编. 唐宋佛教与社会——寺院财富与世俗供养学术讨论会论文集. 上海:上海书画出版社,2003:246-260.

[58]荣新江. 萨保与萨薄:北朝隋唐胡人聚落首领问题的争论与辨析[J]. 叶奕良编. 伊朗学在中国论文集. 第3集,北京:北京大学出版社,2003:128-143.

[59]荣新江. 北朝隋唐胡人聚落的宗教信仰与祆祠的社会功能[J]. 荣新江主编. 唐代宗教信仰与社会. 上海:上海辞书出版社,2003:385-412.

[60]荣新江. 四海为家——粟特首领墓葬所见粟特人的多元文化[J]. 上海文博,2004(4):85-91.

[61]荣新江. 金樽美酒醉他乡——从安伽墓看粟特物质文化的东渐[J]. 文物天地,2005(1):88-91.

[62]荣新江. 北周史君墓石椁所见之粟特商队[J]. 文物,2005(3):47-56.

[63]荣新江. 中国中古史研究十论[M]. 上海:复旦大学出版社,2005.

[64]荣新江,李孝聪. 中外关系史:新史料与新问题[M]. 北京:科学出版社,2004.

[65]荣新江,张志清(主编). 从撒马尔干到长安:粟特人在中国的文化遗迹[M]. 北京:北京图书馆出版社,2004. 4.

[66]荣新江,华澜,张志清(主编). 粟特人在中国——历史、考古、语言的新探索[M]. 北京:中华书局,2005.

[67]上海古籍出版社,法国国立图书馆. 法藏敦煌西域文献(第1-34册)[M]. 上海:上海古籍出版社,1994-2005.

[68]上海古籍出版社,上海博物馆. 上海博物馆藏敦煌吐鲁番文献(第1-2册)[M]. 上海:上海古籍出版社,1993.

[69]陕西省考古研究所. 西安北周安伽墓[M]. 北京:文物出版社,2003.

[70]陕西省考古研究院等. 法门寺考古发掘报告[R]. 北京:文物出版社,2007.

[71]圣彼得堡东方学研究所,上海古籍出版社. 俄藏敦煌文献(第1-17册)[M]. 上海:上海古籍出版社,1992-2001.

[72]施萍婷. 敦煌遗书总目索引新编[M]. 北京:中华书局,2000.

[73]宿白. 中国石窟寺研究[M]. 北京:文物出版社,1996.

[74]孙机. 中国圣火——中国古文物与东西文化交流中的若干问题[M]. 沈阳:辽宁教育出版社,1996.

[75]孙修身. 敦煌石窟全集(12)佛教东传故事画卷[M]. 上海:上海人民出版社,2000.

[76]汤用彤. 汉魏两晋南北朝佛教史[M]. 上海,1938 年;北京:中华书局,1983.

[77]唐耕耦,陆宏基. 敦煌社会经济文献真迹释录. 第 1-5 辑[M],北京:书目文献出版社,全国图书馆文献缩微复制中心. 1986-1990.

[78]唐长孺. 南北朝期间西域与南朝的陆道交通[J]. 魏晋南北朝史论拾遗. 北京:中华书局,1983:168-195.

[79]王小甫. 唐吐蕃大食政治关系史[M]. 北京:北京大学出版社,1992.

[80]王尧,陈践. 敦煌吐蕃文献选[M]. 成都:四川民族出版社,1983.

[81]王尧,陈践. 敦煌吐蕃文书论文集[M]. 成都:四川民族出版社,1988.

[82]王重民. 敦煌遗书论文集[M]. 北京:中华书局,1984.

[83]乌瑞(G. Uray). 吐蕃统治结束以后甘肃和于阗官府中使用藏语的情况[J]. 耿升,译,敦煌译丛. 1,兰州:甘肃人民出版社,1985:212-220.

[84]乌瑞. KHROM(军镇):公元七至九世纪吐蕃帝国的行政单位[M]. 荣新江,译,兰州:西北史地. 1986(4):106-113.

[85]乌瑞. 有关公元 751 年以前中亚史的古藏文史料概述[M]. 荣新江,译. 国外藏学研究译文集(5). 拉萨:西藏人民出版社. 1989:39-81.

[86]吴礽骧. 河西汉塞调查与研究[M]. 北京:文物出版社,2005.

[87]吴玉贵. 突厥汗国与隋唐关系史研究[M]. 北京:中国社会科学出版社,1998.

[88]吴震. 唐代丝绸之路与胡奴婢买卖[J]. 1994 年敦煌学国际学术研讨会文集. 兰州:甘肃民族出版社,2000:128-154.

[89]吴焯. 佛教东传与中国佛教艺术[M]. 杭州:浙江人民出版社,1991.

[90]吴焯. 四川早期佛教遗物及其年代与传播途径的考察[J]. 文物,1992(11):40-50.

[91]西安市文物局. 华夏文明故都丝绸之路起点[M]. 西安:世界图书出版西安公司,2005.(简称. 华夏文明.)

[92]夏鼐. 青海西宁出土的波斯萨珊朝银币[R]. 考古学报,1958(1):105-110.

[93]向达. 唐代长安与西域文明[J]. 燕京学报(专号 2). 1930. 唐代长安与西域文明. 北京:三联书店,1957. 1-116.

[94]新疆维吾尔自治区文物事业管理局等. 中国新疆文物古迹大观[M]. 乌鲁木齐:新疆美术摄影出版社,1999.

[95]徐俊. 敦煌诗集残卷辑考[M]. 北京:中华书局,2000.

[96]徐苹芳. 考古学上所见中国境内的丝绸之路[J]. 燕京学报(新1期),1995:291-341.

[97]徐文堪. 吐火罗人起源研究[M]. 北京:昆仑出版社,2005.

[98]杨泓. 美术考古半世纪[M]. 北京:文物出版社,1997.

[99]杨铭. 唐代吐蕃与西域诸族关系研究[M]. 哈尔滨:黑龙江教育出版社,2005.

[100]余太山. 两汉魏晋南北朝正史西域传研究[M]. 北京:中华书局,2003.

[101]余太山. 两汉魏晋南北朝正史西域传要注[M]. 北京:中华书局,2005.

[102]余欣. 神道人心——唐宋敦煌民生宗教社会史研究[M]. 北京:中华书局,2006.

[103]俞伟超. 东汉佛教图像考[J]. 文物,1980(5):68-77. 修订本载. 向达先生纪念论文集. 乌鲁木齐:新疆人民出版社,1985:330-352.

[104]羽田亨. 西域文化史[M]. 耿世民,译,乌鲁木齐:新疆人民出版社,1981.

[105]章巽. 法显传校注[M]. 上海:上海古籍出版社,1985.

[106]张德芳. 悬泉汉简中若干西域资料考论[M]. // 中外关系史:新史料与新问题. 北京:科学出版社,2004.

[107]张广达. 西域史地丛稿初编[M]. 上海:上海古籍出版社,1995.

[108]张广达. 文书、典籍与西域史地[M]. 桂林:广西师范大学出版社,2008.

[109]张广达. 史家、史学与现代学术[M]. 桂林:广西师范大学出版社,2008.

[110]张广达. 文本、图像与文化交流[M]. 桂林:广西师范大学出版社,2008.

[111]张广达,荣新江. 于阗史丛考(增订本)[M]. 北京:中国人民大学出版社,2008.

[112]张培善. 安阳殷墟妇好墓中玉器宝石的鉴定[J]. 考古,1982(2).

[113]张星烺. 中西交通史料汇编(6册). 北京:辅仁大学,1930. 张星烺编,朱杰勤校订. 中西交通史料汇编(6册). 北京:中华书局,1978.

[114]郑炳林(主编). 敦煌归义军史专题研究[M]. 兰州:兰州大学出版社,1997.

[115]郑炳林(主编). 敦煌归义军史专题研究续编[M]. 兰州:兰州大学出版社,2003.

[116]郑炳林(主编). 敦煌归义军史专题研究三编[M]. 兰州:甘肃文化出版社,2005.

[117]中国社会科学院考古研究所. 殷墟妇好墓[M]. 北京:文物出版社,1980.

[118]中国社会科学院考古研究所. 殷墟玉器[M]. 北京:文物出版社,1982.

[119]中国社会科学院历史所,英国图书馆. 英藏敦煌文献(1-14)[M],成都:四川人民出版社,1990-1995.

[120]周伟洲. 古青海路考[J]. 西北大学学报,1982(1).

[121]朱雷. 敦煌吐鲁番文书论丛[M]. 兰州:甘肃人民出版社,2000.

(二)西文部分

[1]Bailey, H. W. *The Culture of the Sakas in Ancient Iranian Khotan* [M]. New York: Caravan Books, 1982.

[2]Bailey, H. W. *Khotanese Texts*, I-VII [M]. Cambridge: Cambridge University Press, 1945-1985.

[3]Brough, J. *The Gāndhāri Dharmapada*[M], London: Oxford University Press, 1962.

[4]Demiéville, P. *Le concile de Lhasa* [M], Paris: Insititut des Hautes études chinoises, 1952;耿昇,译. 吐蕃僧诤记. 兰州:甘肃人民出版社,1984.

[5]de la Vaissière, É. *Sogdian traders. A history* [M]. tr. by J. Ward, Leiden/Boston: Brill,2005.

[6]Errington, E. and J. Cribb (eds.), *The Crossroads of Asia. Transformation in Image and Symbol*[M], Cambridge: The Ancient India and Iran Trust, 1992.

[7]Grenet, F. & N. Sims-Williams, "The Historical Context of the Sogdian Ancient Letters" [J], *Transition Periods in Iranian History* (*cahiers de Studia Iranica* 5), Paris: As sociation puor l'Avancement des études Iraniennes, 1987, 101-122. 王先平译. 粟特语古信的历史背景. 敦煌研究,1999(1):110-119.

[8]Grenet, F., N. Sims-Williams and É. de la Vaissière, "The Sogdian Ancient Letter V" [J], *Bulletin of the Asia Institute*, new series, 12, 1998, 91-104.

[9]Hamilton,J., *Manuscrits ouïgours du IXe-Xe siècle de Touen-houang*, I-II [M]. Paris: Foudation Singer-Polignac, 1986.

[10]Henning, W. B. "The Date of the Sogdian Ancient Letters"[J], *BSOAS*, XII, 1948, 601-615.

[11]Juliano, A. L. & J. A. Lerner, (ed.), *Monks and Merchants, Silk Road Treasures from Northwest China*, 4th-7th *Centuries CE* [M], New York: Harry N. Abrams, Inc. , with The Asia Society, 2001.

[12]Klimkeit, H. -J., *Gnosis on the Silk Road: Gnostic Texts from Central Asia* [M], New York: HarperSanFrancisco, 1993.

[13]Laufer, B. *Sino-Iranica. Chinese Contributions to the History of Civilization in Ancient Iran*[M], Chicago: The Field Museum of Natural History, 1919;林筠因汉译本题劳费尔. 中国伊朗编. 商务印书馆,1964.

[14]MacKenzie, D.N. *The Buddhist Sogdian Texts of the British Library* (Alr. 10) [M], Leiden: E. J. Brill, 1976.

[15]Nebenzahl, K. *Mapping the Silk Road and Beyond. 2,000 Years of Exploring the*

East [M], London: Phaidon Press, 2004.

[16] Salomon, R. *Ancient Buddhist Scrolls from Gandhāra. The British Library Kharosthi Fragments*[M], Seattle: University Washington Press, 1999.

[17] Schafer, E. *The Golden Peaches of Samarkand. A Study of Tang Exotics* [M], Berkeley and Los Angeles, California: University of California Press, 1963; 吴玉贵汉译本题谢弗. 唐代的外来文明. 北京:中国社会科学出版社,1995.

[18] *Sérinde, Terre de Bouddha - Dix siècle d'art sur la Route de la Soie* [M], Paris: Réu nion des musées nationaux, 1995.

[19] Sims-Williams, N. "Sogdian and Turkish Christians in the Turfan and Tun-huang Manuscripts" [J], Alfredo Cadonna (ed.), *Turfan and Tun-hunag: the texts*, Firenze 1992, 43-61+2pls.

[20] Sims-Williams, N. , "The Sogdian Merchants in China and India" [J], *Cina e Iran da A lessandro Magno alla Dinastia Tang*, ed. A. Cadonna e L. Lanciotti, Firenze: 1996, 45-67.

[21] Sims-Williams, N. ,"The Sogdian Ancient Letter II" [J], *Philologica et Linguistica: His toria, Pluralitas, Universitas. Festschrift für Helmut Humbach zum 80. Geburtstag am 4. Dezember 2001*, hrsg. von Maria Gabriela Schmidt und Walter Bisang unter Mitar beit von Marion Grein und Bernhard Hiegl, Wissenschaftlicher Verlag Trier, 2001.

[22] Sims-Williams, N. & J. Hamilton, *Documents turco-sogdiens du IXe-Xe siècle de Touen-houang*[M]. London 1990.

[23] Skjærvø, P. O. *Khotanese Manuscripts from Chinese Turkestan in the British Library. A complete catalogue with texts and translations*[M], London, The British Library, 2002.

[24] Soper, A. C. "Representations of Famous Images at Tunhuang" [J], *Artibus Asiae*, 27, 1965, 349-364.

[25] Stein, A. *Serindia*[M], Oxford 1921.

[26] Takeuchi, T. *Old Tibetan Contracts from Central Asia*[M], Tokyo 1995.

[27] Takeuchi, T. *Old Tibetan Manuscripts from East Turkestan in the Stein Collection of the British Library* [M], Tokyo: The Centre for East Asian Cultural Studies for Unesco, The Toyo Bunko and London: The British Library, 1998.

[28] Tanabe, K. *Silk Road Coin. The Hirayama Collection*[M], Kamakura 1993.

[29] Thomas, F.W., *Tibetan Literary Texts and Documents Concerning Chinese Turkistan. 4 Parts*[M], London 1935, 1951, 1955, 1963.

[30] Utz, D.A. *A Survey of Buddhist Sogdian Studies*[M], Tokyo 1978. Reprint: 1980.

[31] Whitfield, R. *The Art of Central Asia*, I-III[M], Tokyo 1982-1985.

[32]Whitfield R. and A.Farrer, *Caves of Thousand Buddhsa. Chinese Art from the Silk Route*[M], London 1990.

[33]Whitfield, S., *The Silk Road: Trade, Travel, War and Faith* [M], London: The British Library, 2004.

[34]Wu Hung, "Buddhist Elements in Early Chinese Art (2nd and 3rd Centuries A.D.)"[J], *Artibus Asiae*, 47.3-4, 1986, 263-352.

[35]Yaldiz, M. et al., *Magische Götterwelten. Werke aus dem Museum für Indische Kunst Berlin*[M], Berlin: Staatliche Museen zu Berlin, 2000.

[36]Zürcher, E., "Han Buddhism and the Western Region"[J], *Thought and Law in Qin and Han China*. Leiden 1990, 158-182.

(三)日文部分

[1]池田溫.8世纪中叶における敦煌のソグド人聚落[J].ユ-ラシア文化研究(1).1965:49-92;辛德勇,译.八世纪中叶敦煌的粟特人聚落.刘俊文主编.日本学者研究中国史论著选译.第9卷,北京:中华书局,1993:140-220.

[2]池田溫.沙州圖經略考[J].榎博士還曆紀念東洋史論叢.东京:山川出版社,1975:31-101.

[3]池田溫.中國古代寫本識語集錄[M].東京:東京大學東洋文化研究所,1990.

[4]吉田丰、森安孝夫、新疆博物馆.麴氏高昌国时代ソグド文女奴隶卖买文书[J].内陆アジア言语の研究Ⅳ.1988:1-50.柳洪亮譯.新疆文物.1993(4):108-115.

[5]榎一雄.禺氏邊山之玉[J].榎一雄著作集(1).东京:汲古書院,1992:265-285.

[6]森安孝夫.ウイグルと敦煌[J].敦煌の歴史.東京:大东出版社,1980:297-338.

[7]森安孝夫1987.敦煌と西ウイグル王国——トウルファンからの书简と贈り物を中心に[J].东方学.第74辑,1987:58-74.

[8]山口瑞鳳.吐蕃支配期の敦煌[J].講座敦煌.第2卷.敦煌的歴史.东京:大東出版社,1980:195-232.

[9]上山大峻.敦煌佛教の研究[M].京都:法藏馆,1990.

[10]石田幹之助.长安の春[M].东京:平凡社,1967.

[11]藤枝晃.沙州歸義軍節度使始末(一~四)[J].京都:東方學報.12-3,1941:58-98;12-4,1942:42-75;13-1,1942:63-95;13-2,1943:46-98.

[12]土肥义和.敦煌发见唐·回鹘间交易关系汉文文书断简考[J].中国古代の法と社会·栗原益男先生古稀纪念论集.东京:汲古书院,1988:399-436.